JUDY HA

CRISTALES
para cambiar tu vida

JUDY HALL

AUTORA DE *LA BIBLIA DE LOS CRISTALES,*
ÉXITO DE VENTAS CON MÁS
DE UN MILLÓN DE EJEMPLARES VENDIDOS

CRISTALES
para cambiar tu vida

**Cómo usar los cristales para manifestar
abundancia, bienestar y felicidad**

Neo Person

Título original: *Life-Changing Crystals*

Traducción: Miguel Iribarren

Editado originalmente en Gran Bretaña en 2013 por
Gaia, una división de Octopus Publishing Group Ltd.
Endeavour House - 189 Shaftesbury Avenue
Londres - WC2H 8JY
www.octopusbooks.co.uk

© Octopus Publishing Group Ltd., 2013
Copyright de texto © Judy Hall, 2013

De la presente edición en castellano:
© Neo Person Ediciones, 2013
   Alquimia, 6
   28933 Móstoles (Madrid) - España
   Tels.: 91 614 53 46 - 91 614 58 49
   e-mail: alfaomega@alfaomega.es - www.alfaomega.es

Primera edición: enero de 2014

ISBN: 978-84-95973-92-4

Impreso en China

SOBRE EL USO DE ESTA OBRA
Si albergas dudas respecto a tu salud, consulta a tu médico. La presente obra no constituye una técnica curativa a través de los cristales ni pretende sustituir a los tratamientos médicos profesionales. Las propiedades sanadoras que aquí figuran se presentan exclusivamente con fines divulgativos y están, en su mayoría, basadas en los casos estudiados así como en los usos terapéuticos tradicionales. En caso de que surja alguna duda acerca de su empleo, conviene consultar con un terapeuta especializado en cristales. Este libro considera que la enfermedad es la manifestación postrera de un desequilibro o tensión de carácter espiritual, medioambiental, psicológico, kármico, emocional o mental. De acuerdo con tal planteamiento, la sanación significa un retorno al equilibrio mental, corporal y espiritual que posibilite la evolución del alma; algo que no siempre implica una curación física. Siguiendo con las pautas habituales del ámbito de la sanación mediante cristales, aquí nos referiremos a todas las piedras con el nombre de "cristales", independientemente de que posean o no una estructura cristalina.

ÍNDICE

Introducción

Es muy fácil manifestar con ayuda de los cristales: son herramientas asombrosas. No necesitas ninguna habilidad especial ni conocimiento previo; simplemente tienes que estar dispuesto a pasar unos momentos conociendo tus cristales y seguir paso a paso las fáciles instrucciones que acompañan al perfil de cada cristal.

MANIFESTAR Y LA LEY DE ATRACCIÓN

En cualquier caso, manifestar no es algo que haces; es lo que tú eres. Manifestar es una expresión externa de tu ser interno. Haces visibles los pensamientos y sentimientos que tienes en el fondo de ti, y expresas tu yo esencial. Todos manifestamos a cada instante. Creamos nuestra realidad con cada pensamiento, emoción y creencia que pasa a través de nosotros, tengamos o no intención de hacerlo. El secreto está en poner el proceso conscientemente bajo tu dirección. Cuando Sócrates dijo que una vida no examinada no merece ser vivida —en su insistencia de que cada creencia debería ser cuestionada, cada área de duda sondeada, cada fragmento de desconocimiento examinado—, declaró una profunda verdad. Si no examinamos nuestra vida interna, y esos pensamientos, sentimientos y creencias que subyacen a lo que experimentamos externamente, ¿cómo vamos a influir en nuestra vida externa?

¿Cómo podemos manifestar lo que queremos si no hemos examinado con mucho cuidado una creencia limitante y sus implicaciones más amplias, y si no hemos mirado los filtros mentales a través de los cuales miramos el mundo? La Ley de Atracción dice que atraemos de vuelta hacia nosotros aquello que damos («lo parecido atrae a lo parecido»); que cada pensamiento que tenemos, cada emoción y cada creencia fundamental originan lo que experimentamos momento a momento. ¿Cómo podemos manifestar lo que más deseamos si, en lo profundo, creemos que no lo merecemos? ¿Cómo podemos realizar nuestro verdadero potencial si estamos cumpliendo las expectativas de otra persona con respecto a nosotros? Y ¿cómo podemos tener éxito en la manifestación de algo que va en contra del plan de nuestra alma?

Estas son las preguntas fundamentales que abordaremos a lo largo del viaje que haremos juntos en este libro. Exploraremos el proceso de manifestación en toda su maravilla y deleite, así como los obstáculos que se presentan en el camino. También examinaremos por qué puede ser más beneficioso para nosotros no manifestar lo que creemos necesitar; o manifestar algo que parece ser lo opuesto de lo que pensábamos que deseábamos. Y aprenderemos a crear nuestra propia realidad mágica por medio del pensamiento dirigido.

Vamos a usar la herramienta perfecta para que nos ayude en el proceso de manifestación: los cristales y algunos rituales y entramados simples. Los cristales nos acompañan desde la prehistoria; siempre han sido considerados sagrados, terapéuticos y mágicos. Con su carga magnética, los cristales intercedían ante los dioses para generar suerte, protección y bienestar. Y aún siguen ayudándonos a hacer lo mismo cuando vamos más allá de las limitaciones de nuestras expectativas y conectamos con su verdadero potencial mágico (y el nuestro).

LOS PRINCIPIOS DE LA MANIFESTACIÓN

La manifestación es el resultado de nuestros pensamientos y sentimientos proyectados en el mundo. Cuanto más consciente sea la intención y más dirigido esté el pensamiento, más positivo será el resultado. Los pensamientos y sentimientos son vibraciones que atraen o repelen lo que quieres manifestar. El secreto de la manifestación exitosa consiste en darse cuenta de que cada pensamiento (y sentimiento) es una petición que el universo toma, agranda y devuelve.

¿Qué es manifestar?

Manifestar es un proceso de creación continuo que da forma a la energía fundamental del universo. No es algo que hagas una vez y después te sientes y esperes el resultado. Es un proceso que puede ser consciente o inconsciente, puede ser benevolente o desviarte de tu camino. El dicho «todo lo que va vuelve» encarna una profunda verdad. Tus pensamientos y deseos son instrucciones tomadas, potenciadas y devueltas a ti: desapasionadamente, pero con precisión y en abundancia. De modo que cuanto más consciente seas —cuanto más enfocado, positivo y consciente seas de lo que ocurre dentro de tu cabeza— y cuanto más contento esté tu corazón, más positivamente manifestarás. Cuanto más elijas albergar buenos sentimientos y pensamientos constructivos, tanto más el mundo te los reflejará de vuelta. Cuanto mejores sean tus elecciones, más podrás conseguir. En realidad, la verdadera creación ocurre en el corazón más que en la cabeza. Si hay contradicciones dentro de ti —si la parte que es inconsciente está emitiendo un mensaje mientras la mente consciente emite otro—, entonces se producirá confusión y manifestación negativa. Sentirte bendito te permite ser bendecido. ¡De modo que cuenta tus bendiciones cada día!

Algunas personas parecen creer que es tarea del universo darles lo que desean: responder a sus peticiones de «más dinero», «más amor», «una vida mejor». Buscan algo «ahí fuera» que cree en su nombre. Pero eso es como los científicos que están estudiando la conciencia y se preguntan cómo la materia (el cerebro) crea la mente. Les iría mucho mejor si se preguntaran cómo la mente (conciencia) conforma la materia del mundo físico y todo lo que se manifiesta. Otras personas miran al mundo a través de un filtro de carencia —sintiendo que la vida es dura y ellos no merecen nada— y quieren que alguien mejore sus circunstancias.

Quienes hacen este tipo de demandas están viviendo su vida hacia atrás. Creen que si tienen más de lo que tan desesperadamente desean, serán más felices. En verdad, cuanto más contentos se sientan por dentro, y cuanto más les guste quiénes son y lo expresen al mundo, más irradiarán esa alegría y atraerán de vuelta una vida abundante. Así se crea una profecía autocumplida, un círculo virtuoso. Y es posible que se den cuenta de que en realidad no necesitan más dinero (o cualquier otra cosa que estuviesen pidiendo), y que eso solo servía para llenar un vacío interno causado por la falta de conexión con su yo esencial y todas sus maravillas.

Al «pedir al universo» cedes tu propio poder de crear. Pones tu capacidad de dirigir tu vida firmemente en manos de Otro, que puede ser Dios, el universo, el cosmos o cualquier otra cosa. Si recuperas ese poder (véase Malaquita, páginas 44-47), te conviertes en el creador de tu propio mundo. Más adelante examinaremos la manifestación personal, la cocreación y la creación desde el alma.

¿Estoy haciendo la petición adecuada?

Entonces, ¿has probado el proceso de manifestación y no ha funcionado? ¿Has apelado al orden cósmico, has tratado de descubrir «El Secreto», has practicado la Ley de Atracción y, hasta donde puedes ver, tu deseo más profundo aún no se ha manifestado? ¿O se ha manifestado y tú simplemente no te has dado cuenta de cuál era ese deseo más profundo? El bloqueo continuo puede ser una señal de que hay algo fundamentalmente confuso o insensato en lo que buscas. Es posible que haya creencias profundas, deudas kármicas o intenciones del alma que no están en armonía con la manifestación de lo que realmente necesitas (véase Malaquita, páginas 44-47). Es posible que estés pidiendo algo que no es auspicioso para el crecimiento de tu alma (véase Cuarzo Trigónico, páginas 146-149).

La ausencia de eficacia en la manifestación también puede ser un signo de que no estás proponiendo tu petición y después soltándola. La preocupación constante bloqueará el proceso, como también lo bloqueará una profunda inversión emocional en el resultado, o perseguir el sueño de otra persona. Como señaló la actriz mexicana Salma Hayek: «Si disfrutas del proceso, es tu sueño. Si estás soportando el proceso porque estás desesperada por el resultado, es el sueño de otra persona». Así, al formular tu intención, asegúrate de que sea lo que verdaderamente quieres para ti.

¿Estoy pidiendo de la manera adecuada?

Como se me recordó el otro día, debes ser preciso en lo que pides y prestar atención a cómo construyes la frase para evitar manifestar «sin pensar». Hace algún tiempo compré un paquete de obligaciones con prima del Gobierno británico. Era una inversión interesante: había una serie de números aleatorios que generaban premios mensuales, grandes y pequeños. ¿Cómo era este juego de azar? Cada mes tenía el placer de abrir un sobre que podía sorprenderme con una gran ganancia. Durante el primer año el retorno de la inversión estuvo muy por encima de lo que habría recibido si hubiera invertido el dinero de manera segura. Posteriormente lo reinvertí. Entonces no recibí ningún cheque durante varios meses. Y cuando por fin recibí el primero, era por la cantidad mínima. Mi pensamiento al abrir el sobre fue: «Gracias, pero quería más». Al mes siguiente había cinco cheques, cada uno de ellos por la cantidad mínima. Obtuve literalmente lo que había pedido: más de lo mismo. Lo que debería haber dicho era: «Gracias, pero el próximo mes quiero una cantidad grande». Una lección valiosa, que me recordó que debo medir cada uno de mis pensamientos y asegurarme de que esté formulado correctamente.

¿Cómo trabajo con la manifestación?

Cada uno de los apartados de la segunda parte de este libro (páginas 24-155) presenta una manera de mani-

festar para un propósito específico, los cristales que te pueden ayudar y activaciones fáciles de realizar para poner en práctica la manifestación. Cada uno de ellos puede adaptarse y aplicarse a otros propósitos. No tienes que dedicar mucho tiempo a esto; nada de lo que se propone en este libro exige más de media hora, y muchas de las activaciones requieren mucho menos tiempo. Lo único que tienes que hacer es asegurarte de que tu corazón y tu cabeza, tus mentes consciente, subconsciente e inconsciente y tu intención sean congruentes (estén en armonía) y estén alineadas con tu verdadero propósito, y tú sabes exactamente cuál es.

¿Qué habilidades tengo que cultivar?

La clave está en los sentimientos poderosos (no en las emociones, que tienen juicios adheridos). La verdadera creación empieza en el corazón más que en la cabeza. El secreto está en sentir profundamente lo que buscas, visualizar cómo sería la situación si se manifestase, entrar en ella y después soltar. Confía

en el proceso. A lo largo de este libro aprenderás a enfocar tu intención, a mantener una presencia total y a sustentar tu centro. También aprenderás a seguir el flujo y a permitir. Durante la manifestación es contraproducente forzar; de lo que se trata es, más bien, de abrir tu ser interno. Aprenderás a dejar a un lado tu ego y a permitir que la parte más elevada de ti manifieste lo que es mejor para ti mismo y para los que te rodean.

Habilidades clave

- Intención enfocada: mantén tu mente y sentimientos enfocados en conseguir un resultado positivo ahora.
- Presencia total: mantente plenamente en el momento presente y no vuelvas al pasado ni te proyectes en el futuro.
- Introspección y contemplación: atrapa esos pensamientos y sentimientos que, de otro modo, te harían tropezar.

- MANTENER TU CENTRO: mantente en tu yo esencial, con creencias congruentes.
- ELIGE TENER BUENOS SENTIMIENTOS Y PENSAMIENTOS CONSTRUCTIVOS: sal de los sentimientos negativos y autolimitantes hacia un radiante sentido de bienestar, alegría y enriquecimiento interno.
- NO-JUICIO: evita juzgar si las cosas son «buenas» o «malas».
- SER Y PERMITIR: mantente en el flujo de manifestar quién eres en esencia.
- ESTABLECER OBJETIVOS Y REALIZAR ELECCIONES: divide lo que quieres conseguir en pasos alcanzables.
- CONFIANZA: espera que el proceso tenga un buen resultado.
- GRATITUD: date las gracias y da gracias al universo por lo que se ha manifestado.
- FLUJO, APERTURA AL CAMBIO: permítete sentirte sorprendido por lo inesperado y por las coincidencias favorables.
- ACEPTACIÓN: recibe grácilmente y con gratitud cualquier regalo que te llegue, de la fuente que sea.

EL MOMENTO ADECUADO

Parte de la capacidad de manifestar consiste en aprender a no empujar contracorriente, sino usar la fuerza del río para poner las cosas de tu lado. Este es un proceso continuo: la manifestación no produce necesariamente resultados instantáneos. Se trata de permitir, no de hacer; de estar abierto, más que de insistir. Si se produce un retraso, cuando mires atrás verás que todo ha ocurrido en el momento perfecto.

Seguir el tiempo del alma

Hay una parte de ti que tiene una perspectiva mucho más amplia que el pequeño «tú» que vive aquí, en la Tierra. A esto lo llamo el alma. Es un ser eterno con una historia de vida muy larga, parte de la cual ha sido vivida en la Tierra y parte en otras dimensiones. Estamos acostumbrados a pensar en nosotros mismos como de una pieza: un ser indivisible que está aquí, ahora. Pero la experiencia nos dice que tenemos un «yo» mucho más expandido, que contiene el secreto del momento adecuado, puesto que tiene acceso al plan de tu alma. Sabe lo que va a suceder y puede echar mano de habilidades desarrolladas en otras vidas para ayudarte. Como dijo el músico Ray Charles, el alma es como electricidad: en realidad no sabemos qué es, pero su fuerza puede iluminar la habitación. Cooperar con este yo expandido acelera dinámicamente el proceso de manifestación, como también lo hace confiar en que esta se producirá exactamente en el momento adecuado para ti.

Estaciones y ciclos

William Shakespeare escribió: «Hay una marea en los asuntos de los hombres que, tomada en su fluir, lleva a la fortuna; si se ignora, todo el viaje de su vida está atado a dificultades y miserias». Y estaba hablando no solo de aprovechar las oportunidades que se presentan, sino también de aprovechar el momento oportuno. Como astróloga, presto atención a las estaciones y los ciclos del zodíaco para que me ayuden a manifestar. Planto mi semilla en luna nueva para que se desarrolle y dé fruto en luna llena. Realizo mis rituales en esos momentos. Las fechas de las lunas nueva y llena son fáciles de conseguir y representan momentos potentes. Lo mismo es aplicable al ciclo anual. Mi mentora, Christine Hartley, me aconsejó que nunca empezara un proyecto en las semanas que preceden inmediatamente al solsticio de invierno, el 21 de diciembre, porque, en el hemisferio norte, generalmente son días de barbecho en los que a las cosas se les debería dejar morir antes de comenzar de nuevo (en el hemisferio sur esto sería el solsticio de verano, el 21 de junio). Me dijo que es mucho más sensato comenzar en la primera luna nueva después del solsticio.

El gran ciclo de Júpiter pone en marcha planes mayores, porque señala todo un nuevo ciclo de doce años de oportunidad que se produce aproximadamente a las edades de 12, 24, 36, y así sucesivamente. Pero no tienes por qué esperar a que este cumpleaños te «active» para empezar; simplemente asegúrate de dejarte guiar por una actitud más próxima a permitir que a forzar.

Una sensación de carencia

Tal vez el mayor obstáculo de todos es tener una sensación de «carencia»: sentir que te falta algo que tú tienes que llenar. Hay un doloroso vacío interno que (o al menos eso crees) el dinero, la comida, un amante o un cambio de entorno podrán llenar. Sin embargo, si lo que tienes dentro es carencia, se manifestará más de lo mismo. La carencia engendra carencia, el vacío engendra vacío. De modo que para manifestar con éxito tienes que partir de un sentimiento de alegría interna.

Aprender a recibir

No estar abierto a recibir bloquea poderosamente la manifestación. Si no puedes recibir de otras personas y no eres capaz de mostrar agradecimiento por los regalos que ellas, o el universo, están dispuestas a compartir contigo, no puedes esperar que el universo apoye tu manifestación. Si no sientes gratitud por las pequeñas cosas, es improbable que el universo te colme con su abundancia.

La falta de aceptación bloquea el flujo. Por ejemplo, Claire gastó grandes cantidades de dinero en regalos para otras personas, y sin embargo ella detestaba recibirlos. Cuando le tocaba recibir, se enfadaba porque, en su opinión, el donante no podía costear el regalo que le correspondía. Ella eliminaba toda la alegría de recibir regalos, pero se sentía sorprendida por no poder mostrar un billete de lotería ganador. Si hubiera sido capaz de recibir con alegría, eso habría abierto el flujo de la abundancia. Comprueba si estás abierto a recibir.

¿QUÉ TE HACE TROPEZAR?

Si, a pesar de dar lo mejor de ti, tu manifestación no está funcionando, es el momento de examinar qué te está haciendo tropezar. Es posible que te sientas atrapado en un ciclo de falta de expectativas, surgido de experiencias que «probaron» constantemente tus peores temores, o al menos eso parece. También es posible que estés pidiendo cosas que no son realistas ni apropiadas, o demasiado específicas, o demasiado nebulosas. O tal vez estés demasiado apegado al resultado. Identificar estos obstáculos ocultos te permite reemplazarlos por expectativas positivas.

Expectativas básicas y creencias de fondo

Lo que esperas que ocurra ocurre. Surge de las creencias básicas limitantes contenidas a un profundo nivel inconsciente. Tales creencias pueden estar basadas en expectativas kármicas (lo que hemos llegado a creer que pasará, basándonos en nuestra experiencia previa) de otras vidas, en experiencias de la niñez o en patrones ancestrales tóxicos que generan profecías autocumplidas. Si te han dicho que tienes que vivir dentro de tus limitaciones, aceptar restricciones y esperar problemas, entonces esa es la vida que manifestarás. El éxito en la manifestación exige que transformes los pensamientos negativos fundamentales y las creencias limitantes.

Como dijo una amiga mía: «Considerar que cada pensamiento que pasa por mi cabeza es realmente una instrucción me proporcionó la determinación para desenterrar todas esas creencias inútiles que son instrucciones erróneas dadas al universo». Ella se dio cuenta de que: «La clave con respecto a las creencias es que no podemos evaluarlas como verdaderas o falsas basándonos en nuestra experiencia de vida. Nos vemos atrapados en este ciclo: tengo esta creencia, que instruye al universo para que me presente cosas que la confirman, de modo que ahora tengo la prueba de que es verdad. Por tanto, se hace necesario evaluar nuestro sistema de creencias basándonos no en lo que es «verdad», sino en si esa creencia resulta útil o no y en qué tipo de instrucción está enviando al universo».

Yo no podía estar más de acuerdo, y a medida que trabajes este libro descubrirás esas instrucciones ocultas.

También tienes que considerar cómo has estado intentando manifestar y qué has estado pidiendo. ¿Te has tomado tiempo para enfocarte en tu intención (véase página 22)? ¿Era vaga y nebulosa? ¿Precisa y constreñida? ¿Insalubre e interesada? Vamos a pensar por un momento en la palabra «intentar». Si estás «intentando», o si construyes tu frase de manifestación en tiempo futuro, entonces estás proyectándola hacia delante, hacia el futuro eterno. Pero la manifestación ocurre en el aquí y ahora. Y si dices: «Yo quiero...», estás partiendo de un lugar de carencia en el que necesitas que algo llene un vacío. Haz elecciones positivas, en lugar de tener necesidades o deseos.

PROBLEMAS Y ANTÍDOTOS

PROBLEMA: **Crees que: «¿Ha sido así y, por tanto siempre será así»?**

ANTÍDOTO: «Soy el autor de mi propio destino; yo creo mi mundo».

PROBLEMA: **¿Son falsas muchas de tus creencias y ya no te sirven?**

ANTÍDOTO: el trabajo con el cuarzo rutilado de la página 52.

PROBLEMA: **¿Tienes pensamientos y expectativas que fueron implantados por alguna otra persona?**

ANTÍDOTO: la meditación de la Malaquita de la página 46 y el trabajo con el Cuarzo Rutilado de la página 52.

PROBLEMA: **¿Tienes aspiraciones o necesidades vagas en lugar de establecer objetivos alcanzables?**

ANTÍDOTO: divide tu manifestación en pequeñas porciones, pero permite también que se den las sincronicidades (véase Establecer una intención, página 22).

PROBLEMA: **¿Esperas crecer por medio de la lucha y el esfuerzo?**

ANTÍDOTO: «Crezco mediante la alegría y la conciencia expandida» (véase Cuarzo Aurora, páginas 134-137).

PROBLEMA: **¿Has dicho alguna vez: «No puedo evitarlo; es mi karma»?**

ANTÍDOTO: renegocia los contratos con tu alma y libérate (véase Ágata Viento Fósil, página 56-59).

PROBLEMA: **¿Te encuentras a menudo pensando: «No me merezco esto»?**

ANTÍDOTO: ¡cambia de programa! «Merezco todas las cosas buenas, la felicidad, el bienestar, la riqueza y la realización» (véase Citrino, páginas 62-65).

PROBLEMA: **¿Se centran tus instrucciones al universo en torno a lo que no quieres, más que en torno a lo que quieres manifestar?**

ANTÍDOTO: construye tus intenciones de manifestación en positivo y en tiempo presente.

PROBLEMA: **¿Te has dicho alguna vez que no hay víctimas, solo voluntarios?**

ANTÍDOTO: recuérdate que el crecimiento espiritual puede ser alegre, fácil y divertido.

PROBLEMA: **¿Estás muy atado al resultado o te preocupas continuamente por él?**

ANTÍDOTO: deja de ser un obstáculo en tu propio camino. Haz el proceso de manifestación y después suelta; confía en el proceso.

PROBLEMA: **¿Eres incapaz de recibir regalos de otras personas?**

Antídoto: acepta cada regalo, por grande o pequeño que sea, con una gran sonrisa y un «gracias» sincero.

PROBLEMA: **¿Te sientes inepto y sin poder, atrapado en el ciclo de pobreza y carencia?**

ANTÍDOTO: reclama tu poder (véase Malaquita, páginas 44-47) y crea abundancia (véase Citrino, páginas 62-65).

¿Crees que puedes cambiar el nivel de tu manifestación? ¡Hazlo ahora!

Romper el círculo

El círculo vicioso de las expectativas tóxicas puede romperse mediante las activaciones siguientes y una sensación de alegre expectativa. Las activaciones son muy fáciles: muchas de ellas solo llevan unos minutos, y algunas solo un poco más. Pero tienes que hacer realmente el trabajo, no limitarte a pensar en él.

Puedes empezar planteándote preguntas simples y escuchar las respuestas que surgen en tu mente antes de tener la oportunidad de censurarlas. Una vez que atrapas estos pensamientos de fondo, puedes transformarlos. Adquiere el hábito de monitorizar todos los pensamientos errantes que pasen por tu mente y de preguntarte: «¿Es esto útil?». Si no lo es, suéltalo. Asimismo, tienes que atrapar los sentimientos depresivos que te impiden experimentar alegría.

CÓMO USAR ESTE LIBRO

Manifestar con cristales es muy simple. El perfil de cada cristal (véase Segunda parte) introduce un proceso esencial de manifestación y demuestra cómo poner riendas al poder del cristal, al tiempo que te anima a tomar responsabilidad por el resultado. En lugar de decir: «Hazlo de esta manera», el perfil te ayuda a sentir la energía de los cristales, a elegir el apropiado y a trabajar con él en un proceso interactivo para generar seguridad interna y una verdadera sensación de bienestar.

Personalizar tu manifestación

En este libro todo ha sido diseñado para que sea rápido y fácil, y para crear un suave flujo de manifestación. La Primera parte introduce las técnicas básicas y te ayuda desarrollar las habilidades que facilitan la manifestación. En la Segunda parte explorarás la abundancia y lo que puede enriquecer tu vida, además del dinero. Llevarás a cabo visualizaciones, rituales y harás entramados con los cristales que te resulten atractivos. Esto personaliza y potencia el proceso de manifestación. Las activaciones para cada cristal pueden ampliarse y las habilidades pueden transferirse al trabajo con otras herramientas cristalinas.

Entonces, ¿por dónde empiezo?

Este libro ha sido planeado cuidadosamente en un orden que te ayuda a descubrir cualquier cosa que podría estar obstaculizándote, y a continuación expande tus capacidades en la manifestación. De modo que, una vez que te hayas familiarizado con las técnicas básicas en la Primera parte (véanse páginas 18-33), los ejercicios de asumir tu poder (página 42), despejar tu mente (página 48) y generar abundancia (página 60) son una estupenda manera de empezar. También podría ser conveniente echar una mirada a la limpieza de tu karma (véase página 54).

Cuando hayas decidido qué planteamiento seguir, limpia y activa tus cristales (véanse páginas 24-25 y 33) y ponte en marcha. Acuérdate de reservar tiempo suficiente en un espacio tranquilo.

Es posible que hayas comprado este libro con un

propósito específico en mente. Si es así, después de leer la primera parte, identifica en la segunda (véanse páginas 34-155) el proceso que se ajuste más a tu intención. Digamos que quieres encontrar un trabajo adecuado: con mejor paga y mejor futuro, pero que también te resulte satisfactorio. Puedes tener varios planteamientos con relación a este tema. Podrías adaptar el entramado de atracción de Jade (página 88) para atraer el trabajo hacia ti. Pero si lo que buscas es coraje para presentarte al trabajo, la Cornalina (páginas 92-95) te ayudará, como también pueden hacerlo el Granate (páginas 104-107), la Malaquita (páginas 44-47), el Ágata Viento Fósil (páginas 56-59) o la Piedra de Oro (páginas 68-71). También puedes probar la visualización para atraer a un mentor (página 124). O podrías consultar el plan de tu alma con el Cuarzo Trigónico (páginas 146-149). Cada planteamiento viene de un ángulo ligeramente diferente, y, por supuesto, puedes trabajarlos todos para identificar exactamente el tipo de trabajo que sería más satisfactorio, cuál sería la mejor manera de abordarlo y cómo manifestarlo. Aquí es donde entra en juego la toma de responsabilidad, y también hacen su aparición las sincronicidades.

PRIMERA PARTE
Técnicas de manifestación

Todo necesita una estructura a través de la cual manifestarse, especialmente las energías sutiles del pensamiento y la intención. Con su matriz cristalina, los cristales absorben, contienen e irradian energía, y, lo que tal vez sea más importante, han sido usados como parte del proceso de manifestación durante miles de años. Por lo tanto, por virtud de su uso prolongado, ya están imbuidos con el poder de la creencia, y son portadores de un programa de manifestación que solo necesita ser activado.

Cada cristal tiene su propio poder único, al que podemos poner riendas para manifestar nuestros deseos más profundos. Nuestro mundo está hecho de conciencia: energía y materia. La luz, el sonido y la vibración subyacen a la creación. Todo resuena a distintas frecuencias, y los cristales pueden tender puentes entre ellas, haciendo que tu conciencia esté en armonía con cualquier cosa que estés buscando.

CÓMO ENCONTRARTE CON TU YO MÁGICO

Antes de continuar, ya es hora de que sepas que eres un ser mágico; que reconozcas que creas tu mundo a cada momento: esta es la esencia misma de la magia. Lo que ves o haces, aquello a lo que reaccionas o respondes, lo que piensas o sientes, es poderoso más allá de toda medida. Trae tu mundo al ser. Dentro de ti hay un ser mágico esperando ser liberado, capaz de manifestar lo que deseas fácilmente y sin esfuerzo.

EL YO MÁGICO

Nuestro ser mágico puede transcender el tiempo y el espacio, moverse sin esfuerzo más allá de nuestro mundo tridimensional, ver más allá de sus ilusiones y engaños, y llevarnos a un lugar donde todo es posible y nuestro potencial es ilimitado.

Si adquieres el hábito de notar todos los detalles de cómo funciona la manifestación, pronto llegarás a reconocer la asombrosa potencia mágica de tu verdadero ser. Para continuar con el ciclo de la manifestación mágica, muestra gratitud y siéntete bendecido.

ACTIVAR TU YO MÁGICO

- Dite cada mañana al despertar: «Soy un ser mágico. Manifiesto lo que más deseo. Soy poderoso, sabio y estoy decidido». ¡Créetelo!
- Enfoca tu intención, y tu atención, en las cosas positivas.
- Confía en ti y en tu intuición durante todo un día. Anota todos tus éxitos y, al día siguiente, construye sobre ellos.
- Si tienes alguna duda, bórrala y reemplázala por «puedo hacerlo». Encuentra el opuesto positivo de cualquier creencia o pensamiento negativo con respecto a ti mismo y pronúncialo en voz alta y en tiempo presente: «Yo soy...».

– Reconoce que tu ser no tiene límites.

– Cambia tu percepción de ti mismo y de tu mundo, suspende tus juicios.

– Haz lo imposible.

– Haz inventario de todos los hábitos y pensamientos que tienes que ya no son relevantes en el momento presente. Bórralos y reemplázalos por tu propia activación de poder personal.

– Capitaliza sobre el poder de tu imaginación. Crea una imagen en el ojo de tu mente de cómo te gustaría ser exactamente, y de lo que te gustaría hacer en un mundo perfecto. Cuando esté plenamente construida en tu mente y puedas sentir que va a ser así, mueve la varita mágica para llevarla al ser en el mundo cotidiano.

– Medita con el cristal de tu yo mágico cada día para fortalecer tu conexión con él y lleva el cristal contigo a lo largo del día.

MEDITACIÓN PARA ENCONTRARTE CON TU YO MÁGICO

Para esta activación puedes usar cualquier cristal que desees. El Cuarzo Manifestación (páginas 38-41), el Brandenberg (páginas 140-143) o la Merlinita (páginas 152-155) son particularmente adecuados.

1 Sostén el cristal entre las manos y siente su energía irradiando externamente hacia los chakras de manifestación (puntos de vinculación energética entre el cuerpo físico y los cuerpos sutiles; véase página 30) de tus palmas.

2 Siente cómo esta energía activa tu yo mágico, la parte de ti que puede ver mucho más allá que tu yo de cada día; esa parte que es todopoderosa, sabia y omnisciente, y puede moverse por el espacio y por el tiempo.

3 Expándete en este yo mágico, dándole la bienvenida. Este es el tú que verdaderamente eres. Ahora irradia ese yo mágico hacia el universo.

INTENCIÓN ENFOCADA

La intención enfocada es un pensamiento dirigido hacia cualquier cosa que trates de manifestar. Conservar una intención es diferente de llevar algo al ser usando la voluntad. La intención es una «expectativa que te produce deleite», que sientes con todo el poder de tu ser y después dejas ir. Mantener el desapego mental y emocional hacia el resultado te ayuda a manifestar tu intención. Sin claridad de intención, tu manifestación no puede funcionar.

REFINAR TU INTENCIÓN

La intención es una energía sutil altamente ordenada, capaz de transformar el mundo físico. Para hacer esto necesitas claridad de intención. La intención sin contradicción, sin ideas ocultas, conflicto o ambigüedad, es una de las fuerzas más poderosas del universo. Conservar una intención y saber cuándo soltarla es uno de los grandes secretos de la manifes-

tación. Mantener una inversión emocional es contraproducente, pero estar plenamente involucrado —dejando que tu cuerpo y tu mente registren cómo se sienten cuando se manifiesta lo que buscas— lleva tu intención a su plasmación.

Antes de declarar tu intención, tienes que clarificarla. Sigue preguntándote: «¿Qué es lo que realmente busco?», «¿Es esto o alguna otra cosa?», «¿Se basa mi deseo en la necesidad y en la sensación de carencia?», «¿Qué me enriquecería?». Refina esto hasta que llegues al núcleo. Si descubres que estás trabajando a partir de aspiraciones negativas, dales la vuelta y conviértelas en objetivos positivos. En lugar de enfocarte en la necesidad de ganar más dinero, por ejemplo, podrías usar una afirmación positiva (o el dicho): «La prosperidad fluye hacia mí y a través de mí, ahora mismo. Mi intención es que todas mis necesidades sean satisfechas grácilmente y con facilidad. Gracias».

ESTABLECER UNA INTENCIÓN

Cuando encuentres la esencia de lo que deseas manifestar, pídelo. Expresa tu intención en una frase tan breve y concisa como puedas, y formulada en tiempo presente. Pronúnciala en voz alta, dejándote sentir cómo es cuando se manifiesta, y después suelta, enviándola al universo y confiando en que volverá realizada.

Apoya tu manifestación con los rituales y crista-

les que se describen en este libro, y recuerda mostrar gratitud por todas las maneras (grandes o pequeñas) en las que tu intención se ve realizada.

SOÑAR LOS DESEOS HASTA LLEVARLOS A LA REALIDAD

El Cuarzo es el cristal perfecto para dar apoyo a tus sueños y convertirlos en realidad. Este cristal está disponible en múltiples contornos y formas. Absorbe, genera, amplifica y libera energía según convenga, y es excelente para sustentar una activación de manifestación. Si se golpea el Cuarzo en la oscuridad, genera una chispa de luz visible, y por eso siempre se le ha considerado una piedra mágica. Los antiguos libros de minerales (que describen las propiedades mágicas y curativas de las piedras) están llenos de historias de sus poderes milagrosos, y sobre cómo se formaban a partir de hielo helado, que, cuando era comprimido, se transformaba en el cristal chispeante. Como verás, manifestar con ayuda del Cuarzo es un proceso muy fácil. Asegúrate siempre de usar un cristal limpio y activado (véanse páginas 33-34).

USAR UN CUARZO PARA AMPLIFICAR TUS DESEOS

1 Sostén el Cuarzo en tus manos y pídele que trabaje contigo para tu bien más alto.

2 Imagina tu sueño, cualquiera que sea, con tanta claridad e intensidad como puedas. Siente toda la alegría de hacer que ese sueño se convierta en realidad. Permítete sentir realmente el poder del sueño y cómo es tu vida cuando se manifiesta. Deja que ese poder fluya al cristal que tienes en la mano y pídele que manifieste tu sueño.

3 Pon el cristal donde puedas verlo con frecuencia o mantenlo en el bolsillo para que te recuerde tu sueño.

MANIFESTAR CON TUS CRISTALES

Elegir tus cristales y manifestar con ellos es fácil una vez que identificas la piedra correcta para tu propósito. Lee la sección relacionada con lo que deseas manifestar (véase Segunda Parte, páginas 36-155), consulta las herramientas que tienes a tu disposición (véase a continuación) y después mira a los cristales que aparecen en las ilustraciones de este libro y ve cuáles te hablan o cuáles de ellos tienes ya en tu colección. Finalmente, usa tus cristales para manifestar tus deseos.

ELEGIR TUS CRISTALES

Cuando hayas identificado las piedras apropiadas, visita una tienda de cristales en persona o en internet si aún no tienes los cristales que quieres. Recuerda que más grande no es necesariamente mejor, y que el cristal más bello no es necesariamente el más poderoso. Las piedras que no están talladas en forma de gemas tienen los mismos atributos que las formas facetadas más caras, con sus lados tallados y pulidos. Las piedras pulidas son robustas e ideales para diseños o entramados. Si estás usando gemas talladas, lo mejor es engarzarlas como joyas para protegerlas.

Tener varias piedras en las manos permite que «tu» cristal sea atraído hacia ti. La mayoría de las tiendas de cristales ofrecen una amplia variedad. Si sumerges tus manos en un cuenco con cristales, el adecuado se quedará pegado a tus dedos. Si un cristal particular atrae tu mirada al entrar en la tienda, ese es para ti.

DEDICAR Y ACTIVAR TUS CRISTALES

Antes de que un cristal trabaje para ti tiene que ser dedicado a tu bien más alto y activado para manifestar tus deseos. Dedicarlo «a tu bien más alto» implica que el cristal no podrá ser usado de una manera que dañe a otros, aunque sea inadvertidamente; en el nivel más elevado todos estamos conectados y, como nos recuerdan los cristales, somos uno.

Paradójicamente, necesitas activar un cristal con tu atención enfocada (véase página 22) y al mismo tiempo no limitarlo siendo demasiado específico. Añadir al final de la dedicatoria «esto o algo mejor» abre el camino para que las sincronicidades se manifiesten en tu vida. Para activar un cristal, simplemente sostenlo entre las manos y di en voz alta: «Dedico este cristal a mi bien más alto y al bien de otros. Pido que me ayude a manifestar… [nombra tu deseo]. Esto o algo mejor». Recuerda que los cristales son seres vivientes, de modo que trátalos siempre con respeto.

SINTONIZAR CON TU CRISTAL

Tu cristal y tus poderes de manifestación trabajan juntos en sinergia (cooperación). Para conectar con el pleno poder de tu cristal, sostenlo entre tus manos y siente que su poder irradia hacia los chakras de manifestación (véase página 30) de tus palmas, y después hacia todo tu ser.

DESPROGRAMAR UN CRISTAL

Cuando el cristal haya completado su propósito presente (o si ha venido a ti con un programa ya instalado), sostenlo en las manos y dale las gracias por su trabajo, pero dile con claridad que el propósito ya no es necesario y puede ser disuelto, junto con cualquier otro programa impuesto por alguna otra persona. Limpia el cristal cuidadosamente con agua de manantial o déjalo en arroz integral durante toda la noche. Después reenergetízalo al sol, envuélvelo y ponlo en un cajón hasta que lo necesites.

FORMAS DE LOS CRISTALES

Parte de la magia de manifestar con cristales reside en sus formas geométricas sutiles. Los cristales pueden estar en bruto, tallados, pulidos, alisados o apuntados.

Las piedras pulidas y alisadas funcionan bien para los entramados y para llevarlas en los bolsillos; son cómodas para apoyarlas en el cuerpo. Las piedras en bruto también pueden usarse en entramados. Las piedras facetadas son más adecuadas para joyería. Las piedras que han sido pulidas o a las que se les ha dado forma de esfera, o formas agradables al tacto, son geniales para tenerlas en las manos. Pero la estructura cristalina energética subyacente permanece igual, cualquiera que sea la forma externa.

Los cristales con punta empujan la energía hacia abajo o la expulsan, dependiendo de la dirección en la que miren. Con la punta dirigida hacia abajo y hacia ti, o hacia dentro, atraen energía cósmica hacia un entramado o hacia tu cuerpo. Con la punta mirando hacia fuera o lejos de ti, expulsan energía negativa para su transmutación: así, la energía cambia para mejor. Por ejemplo, si estás extendiendo un entramado limpiador, podrías poner una piedra a tus pies apuntando lejos de ti para expulsar la negatividad y otra encima de la cabeza apuntando hacia la coronilla para llevar la luz hacia dentro. Esto significa que no se dejan «espacios» en tu campo energético. Un lugar del que hayas vaciado la toxicidad pronto se llena con más de lo mismo si no lo rellenas conscientemente con energía positiva.

Acuérdate de limpiar tus cristales regularmente (véase página 33), en especial los que llevas puestos y los que usas para expulsar creencias negativas o pensamientos implantados.

TUS HERRAMIENTAS DE MANIFESTACIÓN

A lo largo de este libro aprenderás distintos métodos para conectar con el poder de tus cristales y manifestar tu intención, incluyendo visualizaciones enfocadas, meditaciones guiadas, entramados, diseños y rituales.

VISUALIZACIÓN Y MEDITACIÓN GUIADA

Las visualizaciones de este libro son imágenes que puedes ver en el ojo de tu mente. Mirar hacia arriba, al espacio que hay entre las cejas y un poco por encima, mientras mantienes los ojos cerrados, estimula que se formen imágenes en una «pantalla» interna. Si no se forman imágenes, proyecta la pantalla (aún con los ojos cerrados) a cierta distancia por delante de ti: lleva tu atención a ese punto entre las cejas y después deja que se desplace hacia delante. Con un poco de práctica, pronto le pillarás el truco a este ejercicio. Intentar forzar las imágenes es contrapro-

ducente, de modo que ten paciencia y sé consciente de que hay muchas maneras de «ver» y sentir, algunas de las cuales no hacen uso de imágenes o palabras, sino más bien del conocimiento interno.

Muchas personas son quinestésicas, es decir, sienten las cosas en lugar de verlas. De modo que si no «ves», simplemente actúa. Basta con sentir que sales de la conciencia de cada día al espacio interno, y la energía de los cristales facilita este proceso. La belleza de usar cristales está en que la energía de la piedra te lleva de viaje y estimula tus comprensiones. Cuando hagas preguntas, prepárate para que las respuestas vengan como una voz interna, o como si surgieran espontáneamente en tu mente (véase Meditación de la Malaquita, página 46); o a través de algo que oigas en el mundo externo. Quizá te resulte más fácil seguir las visualizaciones y las meditaciones guiadas de este libro si primero las grabas, creando las pausas apropiadas.

DISEÑOS Y ENTRAMADOS

Usar entramados es el arte de poner cristales alrededor de una persona o lugar para potenciar la energía, la atracción, la liberación o la protección. Aunque el entramado se extiende en plano, crea a su alrededor una red de energía multidimensional. Cada entramado o patrón tiene un propósito y un efecto; se pueden usar muchos cristales distintos, y los entramados pueden adaptarse a distintos propósitos. Has de conectar con el poder de tu cristal y abrir tus chakras de manifestación (véase página 30) antes de extender las piedras. Extiéndelas con lentitud, intención enfocada y ceremonia.

Usa el poder de tu mente o de una varita para unir entramados. Permite que la energía universal fluya hacia dentro a través de tu chakra coronario (la parte alta de tu cabeza), bajando por el brazo a la mano que sostiene la vara, al chakra de manifestación (en la palma de la mano) y a la propia vara. No uses tu energía personal.

TRIÁNGULO: la triangulación neutraliza la energía negativa y aporta energía positiva. También crea un espacio seguro y lo magnetiza para atraer al máximo las energías beneficiosas. Sitúa un cristal en el centro y otros dos enfrente y debajo, haciendo que los ángulos sean iguales en la medida de lo posible. Conecta las puntas con una vara para fortalecer el entramado.

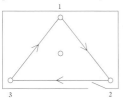

ESPIRAL: las espirales son la danza de la vida manifestada y símbolo universal de la energía. Una que siga la dirección de las agujas del reloj introduce la energía hacia dentro [A] y una en dirección contraria la libera hacia el universo. Si necesitas liberar algo para una nueva situación, dibuja una espiral en la dirección contraria a la de las agujas del reloj. Soltar crea un espacio en el que se puede manifestar algo nuevo. También puedes usar esta misma espiral para enviar cosas buenas al universo y beneficiar a otros; tu generosidad hará que acaben retornando multiplicadas por mil. Para atraer ayuda cósmica, dibuja una espiral en el sentido de las agujas del reloj.

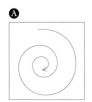
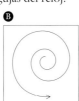

ESTRELLA DE CINCO PUNTAS: este es un entramado útil para proteger o para llamar al amor, la abundancia o la curación. Es la forma tradicional para que aterricen tus deseos. Estar de pie sobre la estrella o tumbarse en su seno potencia tu energía y tu capacidad de atracción. Sigue la dirección de las flechas del diagrama al colocar los cristales y recuerda conectar con el cristal que pusiste en primer lugar para cerrar el circuito.

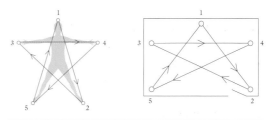

ESTRELLA DE DAVID: este es el entramado tradicional de protección que representa la unión de lo masculino y lo femenino, el equilibrio perfecto. Es un símbolo del corazón y crea el espacio perfecto de manifestación para que emerja algo nuevo. Dibuja el primer triángulo (con la punta hacia arriba para liberar energía o con la punta hacia abajo para atraerla) y junta las puntas con una vara. Ahora pon otro triángulo encima, en el otro sentido, y une las puntas. También es posible dibujar una estrella de seis puntas continua que cree un entramado energético activo [A], y dibujar dos estrellas de seis puntas, una encima de otra (con la superior ligeramente rotada), para formar una estrella de manifestación de doce puntas [B].

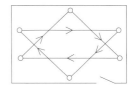

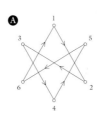
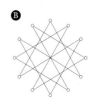

RITUALES

Los rituales encauzan el poder de la mente y honran tus intenciones. Tradicionalmente, los celebrantes realizaban rituales en un espacio sagrado y purificado. Puedes «ahumar» el espacio (usando humo de salvia, junco u otras hierbas para purificar las energías) o rociarlo con un limpiador. Puedes ponerte una túnica, pero no es necesario. Para hacer que el ritual sea especial, lávate y ponte ropa limpia, pero es más importante que lo desarrolles con tu atención y tus emociones plenamente involucradas. Asegúrate de que durante el ritual no te moleste nadie. La música puede ser de ayuda, como también lo son las velas y el incienso, pero tu intención y enfoque alegres son los que más atraerán el éxito.

ALTARES

Cuando preparas un altar estás creando un espacio sagrado: un lugar donde honrar tus intenciones y Todo Lo Que Es. Los altares tienen que estar situados en un lugar donde no vayan a ser alterados (véase activación del Cuarzo Manifestación, página 40). Sobre el altar puedes poner objetos especiales, cristales, velas (véase a continuación), fotografías, etc. Si pones fotografías de las cosas que deseas manifestar, esto no significa que estés adorando ese objeto: simplemente estás usando el altar para enfocar tu manifestación. Mantenlo siempre limpio y ordenado, con flores frescas y velas, según sea apropiado. También le irá bien un ahumado diario o que rocíes sobre él un limpiacristales.

VELAS

La vela es un símbolo tradicional de la transmutación y de tu luz interna. Las velas de colores sustentan el proceso de manifestación. Enciende cualquier color que sea apropiado para tus rituales y tu altar:

COLOR	EFECTOS
Blanco	Irradia pureza y tranquilidad.
Rosa	Invoca el amor.
Rojo	Resuelve conflictos.
Naranja	Asegura el éxito.
Verde	Genera prosperidad.
Amarillo	Facilita el éxito en los estudios y en los viajes.
Azul	Atrae la curación.
Índigo	Libera de limitaciones.
Lila	Estimula la espiritualidad y los dones psíquicos.

ENCARNAR TUS DESEOS

Aunque tu mente desempeña un papel importante a la hora de concebir lo que deseas manifestar, las investigaciones han mostrado que tu cuerpo físico y la postura que adoptas afectan profundamente al resultado. Puedes estimular el éxito en la manifestación con algunas posturas corporales fáciles. Una postura confiada potencia siempre el proceso de manifestación, y también es de ayuda estar relajado y tranquilo, en lugar de tenso y exaltado.

La quinestesia, o capacidad de sentir con el cuerpo, también desempeña un papel importante en la intuición, de modo que presta atención a tus sentimientos viscerales cuando formules una intención o un deseo que quieras manifestar.

Para sustentar tu intención y activar la fuerza de voluntad

Esto es particularmente útil cuando estás tratando de cambiar una pauta de conducta antes de manifestar algo nuevo, o para mantener una intención ante la oposición o la duda de alguna otra persona.

– Si tienes que decir que no: dobla los brazos sobre el plexo solar (justo encima del ombligo) mientras sostienes el cristal. Esto también funciona cuando sientes que necesitas ayuda.

– Tensa los músculos mientras declaras tu intención o camina hacia atrás. Por extraño que parezca, esto fortalece la intención.

Para hacer una solicitud

Para declarar una intención o hacer una solicitud, extiende completamente tu brazo izquierdo, sosteniendo tu cristal de manifestación mientras lo haces. Dobla tu brazo derecho por el codo y llévate la mano a la frente sobre el tercer ojo (en el centro de la frente, entre las cejas y un poco por encima). Mantén esta posición durante unos momentos mientras tus deseos recorren el camino hacia la manifestación física. O tal vez te resulte más natural invertir las manos (especialmente si eres zurdo), extendiendo la mano derecha; haz lo que te parezca adecuado.

Para pensar creativamente

Puedes hacer que tus pensamientos sean más creativos, o cambiar una respuesta profundamente arraigada, usando simples movimientos de ojos.

– Para estimular tu creatividad, sostén un cristal todo lo lejos que puedas hacia la izquierda; síguelo con los ojos, pero sin mover la cabeza, mientras lo mueves hacia la derecha. Repítelo seis veces.

– Para cambiar un patrón de pensamiento muy arraigado, mueve tu cristal hacia la izquierda, después hacia abajo, después abajo a la derecha, a continuación hacia arriba a la derecha, y de vuelta a la izquierda, siguiéndolo con los ojos. Repítelo tres veces. (Tal vez necesites cambiar de dirección, dependiendo de cuál sea tu ojo dominante. Para poner a prueba la dominancia de una mano o del ojo, cierra los ojos y tócate la nariz sucesivamente con cada mano. La mano que toque el centro de tu nariz es la dominante.)

TUS CHAKRAS DE MANIFESTACIÓN

Los chakras de manifestación son los que usamos para sentir las energías de los cristales, pero estos chakras —o puntos de vinculación energética— también forman parte del proceso de manifestación. Son receptivos (reciben energía) y expresivos (la irradian), de modo que están íntimamente conectados con tu capacidad de recibir y generar. Son los que te permiten interactuar con el poder de los cristales. Pronto vas a poder tener estos poderosos puntos de energía trabajando para ti.

PODER DE LOS CHAKRAS

Los chakras son centros energéticos que vinculan el cuerpo físico y los cuerpos sutiles con el entorno. La mayoría de la gente conoce los siete chakras mayores situados a lo largo de la columna. No obstante, hay muchos más chakras (véase página 77); dos de ellos, denominados «menores» —los chakras de manifestación—, están firmemente sujetos al plano terrenal, y están lejos de ser menores en sus efectos. La activación de estos chakras ayuda en el proceso de manifestación y potencia tu capacidad de proyectar energía hacia el mundo material o de recibirla.

ACTIVAR TUS CHAKRAS DE MANIFESTACIÓN

Los chakras de manifestación están situados en el centro de las palmas. Si frotas las manos con vigor, entrelazas los dedos y separas las palmas, podrás sentir estos chakras pulsando y haciéndote cosquillas, casi como si tuvieras una bola de energía entre las palmas.

Tener los chakras de manifestación en pleno funcionamiento te ayuda a recibir energía del universo —o de los cristales— y a canalizarla hacia tu campo energético. También te ayudan a irradiar tu intención hacia el universo. Tu creatividad fluye: es un proceso energético y magnético de atracción y expresión.

CÓMO ABRIR LOS CHAKRAS DE MANIFESTACIÓN

1 Declara tu intención de abrir los dos chakras de manifestación de tus manos.

2 Abre y cierra rápidamente los dedos cinco o seis veces.

3 Concentra tu atención en la palma de la mano derecha y después en la izquierda (si eres zurdo, invierte el proceso). Imagina que los chakras se abren como pétalos. Los centros se enrojecerán y energetizarán.

4 Junta las manos. Detente en cuanto sientas que las energías de los dos chakras se encuentran.

5 Si has juntado las manos con los dedos tocándose, inviértelas ahora, de modo que los dedos apunten en la dirección contraria. Pon la mano derecha y después la izquierda sobre ella. Pronto aprenderás a reconocer lo que funciona para ti. Con un poco de práctica podrás abrir los chakras simplemente enfocando tu atención en ellos.

6 Sitúa una punta de cristal en tu mano (véase izquierda). Siente las energías irradiando hacia tu palma. Dirige la punta hacia el brazo y después hacia tus dedos. Siente la dirección del flujo energético. Las puntas de cristal canalizan energía en la dirección en la que miran. Los cristales redondos irradian energía en todas las direcciones por igual.

HACER QUE LOS CRISTALES SIGAN TRABAJANDO PARA TI

Los cristales recogen energía negativa muy rápidamente y deben mantenerse limpios y dedicados a tu propósito. Si los estás usando para manifestar, es sensato asegurarse de que tú eres la única persona que los maneja. Esto implica ponerlos en algún lugar donde nadie los toque.

LIMPIAR TUS CRISTALES

Cuando hayas elegido tu cristal, tienes que limpiarlo y dedicarlo porque habrá perdido energía durante su extracción y transporte, y es muy posible que haya recogido vibraciones negativas de otros compradores potenciales. Si estás usando un cristal tuyo, limpiarlo te asegura un nuevo comienzo. También has de limpiar una piedra después de practicar la curación, ya que habrá absorbido toxinas energéticas.

La manera más simple de limpiar un cristal o gema facetada es tenerlo debajo del agua corriente durante unos momentos y después ponerlo al sol para que se reenergetice. También puedes dejarlo en arroz integral durante la noche, o usar un limpiador de cristales adecuado. El agua puede dañar los cristales porosos o friables, así que es mejor dejarlos al sol sobre cuarzo claro o cornalina durante unas horas. A los cristales blancos y claros también les gusta estar a la luz de la luna para recargarse, o puedes dejarlos en el alféizar de una ventana.

ACTIVAR TUS CRISTALES

Cuando el cristal está limpio y reenergetizado, tenlo en las manos durante unos momentos y abre tus chakras de manifestación (véase página 30) para conectar con su poder. Dedícalo a tu bien más alto. Imagínalo rodeado de luz (o ponlo frente a una vela si te cuesta visualizar). Ahora declara claramente tu intención para el cristal (véase página 22). Haz esto con todos tus cristales antes de iniciar el proceso de manifestación.

ALMACENAR LOS CRISTALES

Cuando no se usan, las piedras redondeadas pueden guardarse juntas en una bolsa, pero los cristales delicados deben envolverse separadamente y guardarse en una caja para evitar que reciban arañazos. Añadir Cornalina a tu bolsa o caja te asegura que tus piedras estén siempre limpias y energetizadas, listas para ser usadas. Si otras personas manejan tus cristales, acuérdate de limpiarlos seguidamente.

SEGUNDA PARTE

Manifestar con cristales

Todas las civilizaciones antiguas honraban y veneraban las piedras, pero también las usaban para propósitos más pragmáticos, como el de conformar su mundo; después de todo, era su tecnología. Puedes aprovecharte del antiguo poder con el que están imbuidas las piedras para manifestar la vida que quieres. Honra tus cristales, respétalos y ellos te recompensarán con todo lo que deseas. Lo único que tienes que añadir es tu intención y tu gratitud. En las páginas siguientes descubrirás maneras de poner riendas al poder de las piedras para potenciar todos los aspectos de tu vida.

El secreto de la manifestación

El secreto de manifestar bien es conocerte a ti mismo, reconocer quién eres en tu esencia y expresarlo en el mundo. Para ello, tienes que deshacerte de las capas de condicionamiento, de las emociones tóxicas y de los pensamientos de fondo que has superpuesto sobre tu ser puro, bien sean personales, ancestrales o culturales. Debes transformarlos en creencias que sustenten tu manifestación en lugar de sabotearla. Tomarte tiempo para meditar en silencio y para encontrarte con tu ser sin juicios ni condiciones te será recompensado una y otra vez con una manifestación perfecta. Reconocer que, en tu núcleo, eres un ser todopoderoso de luz y alegría es uno de los mayores regalos que te puedes dar a ti mismo. Como también lo es contar tus bendiciones y sentir gratitud por lo que tienes, en lugar de enfocarte en lo que no tienes. Estos dos regalos reflejan hacia el mundo el mensaje de que tus necesidades están satisfechas, lo que a su vez atrae hacia ti una cornucopia de cosas buenas. El desapego del resultado con respecto a tus objetivos es otro regalo que te das a ti mismo. Si tienes una inversión emocional en el resultado, es decir, si te juzgas por el éxito o el fracaso en el intento de conseguir aquello que más deseas, entonces tu manifestación está condenada al fracaso de partida. La inversión emocional es diferente de la implicación emocional. Si estás implicado emocionalmente en el proceso inicial de manifestación, sintiendo toda la alegre intensidad de estar en su flujo, esto facilita la manifestación. Pero la inversión emocional en el resultado bloquea el flujo, porque exige que el resultado sea exactamente el que visualizas, y eso podría no ser para tu máximo bien. De modo que aprender a soltar es otro secreto de la manifestación, como también lo es estar abierto a recibir. Si te sientes cómodo con la idea de que lo que deseas tan desesperadamente podría no ser lo que realmente necesitas, abres tu vida a la sincronicidad y a las casualidades favorables.

- Relájate
- suelta
- deja de preocuparte
- sé positivo
- acepta...
  y todo te será revelado.

CUARZO MANIFESTACIÓN
El gran manifestador

La esencia de un cristal de manifestación es: «Como piensas, así eres. Como eres en tu corazón, así es tu mundo». Te recuerda que son los pensamientos, aspiraciones, actitudes y creencias fundamentales, que acechan insospechados en lo profundo de tu mente subconsciente, los que conforman tu mundo y crean las profecías autocumplidas que determinan tu vida. Medita con un Cuarzo Manifestación para transformar tu ser esencial.

ENTENDER ESTE CRISTAL

Esta formación de cuarzo tiene un pequeño cristal perfectamente formado en el interior del cristal externo. Esto ilustra que tu ser esencial habita una «burbuja de realidad» que va contigo dondequiera que tú vas. El Cuarzo Manifestación te enseña a alinearte sin esfuerzo con el proceso de manifestación. Amplifica y potencia tus intenciones, pensamientos, sentimientos y creencias, sean positivos o negativos. Si tienes miedo de la carencia, eso es lo que experimentas. Pero si esperas abundancia, eso es lo que recibes. Este cristal te ayuda a reconocer tus bendiciones, por pequeñas que sean. Si el cristal pequeño está contenido dentro de una Amatista, un Cuarzo Ahumado o un Citrino, añade las propiedades de dicho cristal al proceso de manifestación. La Amatista ayuda al proceso de manifestación espiritual, el Cuarzo Ahumando lo asienta en el mundo de cada día y el Citrino potencia la abundancia a todos los niveles.

El Cuarzo Manifestación te pide que caves profundo y que descubras si realmente crees que mereces lo que buscas. Si no, es posible que necesites otros cristales para cambiar tus creencias esenciales en sentido positivo. También te pregunta si estás preparado para recibir lo que has solicitado, y si comprendes todas las consecuencias y ramificaciones. Es un cristal que te ayuda a discernir cuál es el momento oportuno y, si estás preparado para escuchar, puede sugerir un programa más enfocado en el alma, o incluso un resultado diferente.

EL CUARZO MANIFESTACIÓN Y LA MANIFESTACIÓN

El Cuarzo Manifestación es una formación que facilita la visualización, y es el cristal perfecto con el que meditar para conectar con tu vida interna. Si sientes ambivalencia con respecto a lo que buscas, o si hay conflicto entre lo que quiere el plan de tu alma y lo que quiere tu ego, el cristal resalta esto. Actívalo para que te traiga todo lo que tu corazón desea. Esta piedra funciona mejor si tratas de manifestar con un espíritu de cooperación y generosidad, para el bien de todos. No apoya las peticiones puramente egoístas o autocentradas. Úsalo para contemplar tus deseos internos e identificar la naturaleza exacta de tu intención. Pasar unos momentos de tranquilidad con tu Cuarzo Manifestación te ayuda a definir con precisión las palabras a emplear en las afirmaciones o declaraciones de intención que harás antes de activar el cristal.

USAR EL CUARZO MANIFESTACIÓN

Un cristal de manifestación facilita el enfoque específico y te ayuda a saber quién eres en el fondo de ti. Medita con uno de ellos para conocer tu ser esencial. Es un excelente cristal para el trabajo creativo grupal, pues ayuda a manifestar soluciones y a potenciar las actividades centradas en la comunidad. Visualiza lo que deseas y siente intensamente cómo es tenerlo, de modo que la intensidad fluya hacia el cristal, que puedes poner como recordatorio sobre un altar de manifestación.

Cristales alternativos

FORMACIÓN GENERADOR

Un Generador adopta dos formas y puede ser cualquier tipo de Cuarzo, como la Amatista, el Espíritu o el Cuarzo Ahumado. Se trata de un conglomerado con puntas irradiando en todas las direcciones, o bien de una punta larga con seis facetas de igual tamaño que se encuentran en un punto en el medio. Los Generadores, como el nombre sugiere, generan energía y la irradian externamente hacia el mundo que te rodea. Si estás usando un conglomerado Generador, cada punta puede activarse para un propósito específico. A menudo se usa para manifestar curación.

FORMACIÓN
GENERADOR

JADE, CITRINO, AMMOLITA

Tradicionalmente el Jade y el Citrino generan abundancia y atraen buena suerte. La Ammolita es conocida como la piedra de prosperidad de siete colores por sus reflejos de color opalizado. La de color verde sustenta el emprendimiento, mientras que la amarilla atrae riqueza y la naranja creatividad.

JADE

CITRINO

AMMOLITA

ACTIVACIÓN DEL CUARZO MANIFESTACIÓN
Generar riqueza interna

Tienes que activar los cristales para ponerlos en marcha. Una vez que tu Generador ha sido activado, puedes establecer un altar de manifestación, o puedes ponerlo en el rincón de la riqueza de tu hogar para iniciar el proceso de manifestación. Preparar un altar te recuerda tu intención y la irradia constantemente hacia el mundo. Es un modo de honrar tus bendiciones, no un modo de adorar el dinero. Te conecta con tu riqueza interna y los recursos de que dispones, y te recuerda que expreses gratitud a diario. Úsalo sabiamente para tener una vida abundante. Necesitarás, además de tu Cuarzo Manifestación, una tela, algunas flores, una vela y cualquier otro objeto para el altar.

1 Limpia tu cristal (véase página 33); a continuación sostenlo en tus manos y conecta con su poder, sintiendo que irradia hacia tus chakras de manifestación (véase página 30) y por todo tu ser.

2 Di en voz alta: «Dedico este cristal al bien más alto de todos y a activar un proceso de manifestación positivo en mi vida». Si tienes un propósito de manifestación específico en mente, decláralo.

3 Extiende completamente tu brazo izquierdo, sosteniendo tu cristal de manifestación al hacerlo. Dobla el brazo derecho por el codo y llévate la mano a la frente sobre el tercer ojo. Mantén esta posición durante unos momentos mientras tus deseos recorren su camino hacia la manifestación física.

4 Elige un lugar donde veas tu altar de manifestación a diario, pero donde nadie lo altere. El rincón de la riqueza de tu hogar es ideal, pero también lo puedes poner en otros lugares. El rincón de la riqueza es el rincón que queda hacia atrás y a la izquierda, a la mayor distancia en

diagonal de la puerta de entrada a tu casa, o el rincón de atrás a la izquierda de una habitación. Forma parte del sistema chino de Feng Shui, pero cualquiera puede aprovecharse de esta ubicación auspiciosa. Si no tienes sitio para un altar, pon el cristal en el rincón de la riqueza; hasta el cristal más pequeño hace maravillas. Es útil usar una tela para delinear tu espacio sagrado: a menudo se usa el color dorado, puesto que es el color de la abundancia, pero podrías elegir el verde para asentar tu manifestación en el mundo físico, el rojo para activar la creatividad, el azul para estimular tu espiritualidad, y así sucesivamente.

5   Pon tu Cuarzo Manifestación en el centro del altar. En un lado puedes elegir poner algunas flores frescas y en el otro una vela. Si estás manifestando algo específico, pon alrededor del cristal fotogra-

fías u objetos que simbolicen tu intención. Si tienes una Formación Generador, también puedes añadirla.

6   Enciende la vela y enfoca calladamente tu atención sobre el altar. Experimenta alegremente dentro de ti lo que sientes al tener todos los recursos internos y externos que necesitas. Mantén la intensidad de sentimiento por un momento con toda tu atención y después suéltala. Apaga la vela y envía tu intención de manifestación hacia el mundo con el humo.

7   Acuérdate de mantener tu altar limpio y las flores frescas. Puedes encender la vela cada día para mantener tu intención activa y enfocada. Cada vez que lo hagas, di: «Gracias por las bendiciones que recibo cada día. Me siento agradecido por la abundancia de este mundo y de mi ser interno».

Asumir tu poder

Usado sabiamente, el poder es constructivo, potencia la vida y es fortalecedor. Te da verdadera autoridad interna, claridad y total libertad. Asumir tu poder añade alegría y auténtico significado a tu vida. Potencia tus sentidos y profundiza tu perspicacia. El poder es un conocimiento instintivo. El uso sabio de tu poder te ayuda a recurrir a tus recursos internos para conformar y enriquecer tu vida: te nutre y afirma tu camino. Cuando tienes poder, te sientes suficientemente seguro para tomar el riesgo de abrirte, apostando por la vida y por el crecimiento. Te da el ímpetu y el coraje para esos primeros pasos esenciales. El poder personal estimula tu creatividad y tu atractivo, y la capacidad de manifestar lo que buscas. Llegas a darte cuenta del extraordinario poder de tus pensamientos. Cuando estás fortalecido eres congruente: tus pensamientos, tus creencias y tus acciones están en concordancia. Irradias poder interno. Esto lleva a otros a tratarte con respeto, pues reconocen a alguien en quien pueden confiar totalmente. Por encima de todo, cuando tienes poder haces lo que te apasiona y vives dichoso.

El poder suele confundirse con el control. Ha sido definido como la «habilidad o capacidad para realizar o actuar con eficacia» y como «la fuerza ejercida, o que es posible ejercer». Pero es mucho más que eso. En lugar de tener control sobre algo o de ejercer fuerza, es el poder de conformar sin esfuerzo el mundo que te rodea. Es el poder de permitir, de dejar que la vida se mueva a través de ti para que el universo pueda traerte todo lo que buscas.

La manera más común de perder tu poder es no darte cuenta de que lo tenías originalmente. De modo que el primer paso para recuperar tu poder es la autoconciencia: soltar las creencias autolimitantes que te retienen. El segundo paso es encontrar tu visión: reconocer lo que es posible en tu vida, las habilidades que ya posees y las que necesitas desarrollar. Cuando vives tu visión con pasión, tu vida es significativa, satisfactoria y verdadera. Es poder en acción.

MALAQUITA
El cristal de tu verdadero poder

La Malaquita te enseña que cuando estás plenamente fortalecido manifiestas tu propia realidad. Pero también te señala que, si no te estableces en tu poder, eres incapaz de manifestar nada excepto negatividad. Esta piedra saca a la superficie todos los asuntos ocultos, los pensamientos tóxicos y los sentimientos reprimidos que te retienen o te sabotean. Una vez que afrontas estos sentimientos, puedes reclamar tu poder.

ENTENDER ESTE CRISTAL

La Malaquita es una piedra resuelta que extrae comprensiones de la mente inconsciente, y es la esencia del cobre en estado natural. Su influencia protectora te guarda y te guía en un viaje por el submundo y todo lo que allí reside, llevándote a pasar por la muerte del ego y de tu viejo yo, y facilitando la regeneración de tu verdadero ser. Como el propio cristal está evolucionando, es la piedra perfecta para todo el trabajo de transmutar la sombra, especialmente a nivel emocional e intelectual. Y cuanto más trabajas con ella, más expansiva se vuelve su influencia.

Las espirales retorcidas de la Malaquita te ayudan a iluminar los rincones ocultos de tu mente. Saca a la luz al crítico interno, o al saboteador que obstaculiza tus intenciones de manifestación. Esta piedra te pide que mires directamente a las causas, tanto kármicas como psicosomáticas (emociones tóxicas manifestándose como dolencias físicas), que están detrás de tu aparente incapacidad de manifestar bienestar. Facilita la liberación y el soltar, para que puedas seguir adelante. La Malaquita expulsa la negatividad, liberando los antiguos traumas y los sentimientos superados para que puedas hallar una profunda curación emocional. Trabajar con este cristal te pone cara a cara ante cualquier cosa que esté bloqueando tu camino espiritual y te ayuda a transmutarla.

LA MALAQUITA Y LA MANIFESTACIÓN

La Malaquita te ofrece el don de tomar responsabilidad por ti mismo y por tus acciones. Te ayuda a romper los lazos con el pasado y a reprogramar tus expectativas, enseñándote que necesitas ser consciente de cada pensamiento y emoción que pasa por cada nivel de tu ser, pues cada uno de ellos tiene consecuencias. Es la piedra perfecta para ayudarte a soltar la vieja identidad ego y todo lo que restringe tu verdadero ser. Con ayuda de la Malaquita puedes acceder a tu poder real y desde allí manifestar tu realidad. Esta piedra te sorprenderá por la profunda transmutación que te permite alcanzar, haciéndote ver las distracciones que han estado reteniéndote. Afronta tus secretos y, con la ayuda de la Malaquita, podrás manifestar tu ser verdaderamente poderoso.

USAR LA MALAQUITA

La Malaquita es particularmente útil cuando estás tratando de manifestar un camino de salida del trauma y del drama emocional, pues saca a la luz los secretos, engaños y sabotajes que te haces a ti mismo y a otras personas. Pero puedes usarla en cualquier área de tu vida para invocar tu poder, para ser fuerte y resuelto, y para manifestar tu ser real. Usa siempre la Malaquita en su forma pulida y lávate las manos después de usarla.

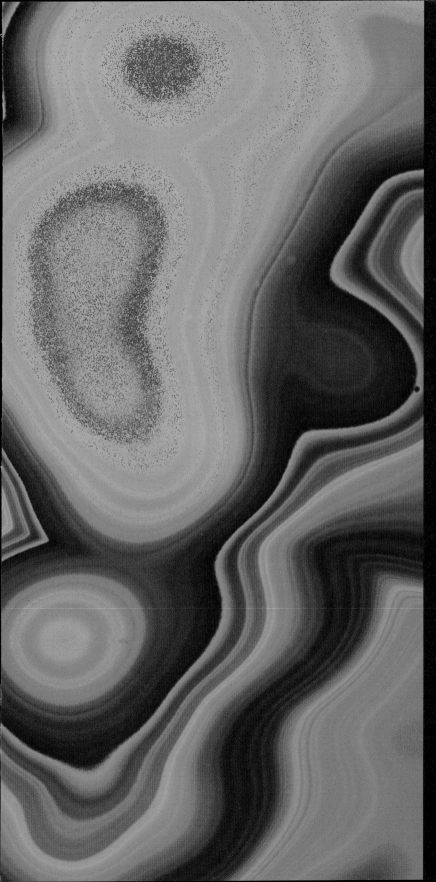

Cristales alternativos

LÁGRIMA APACHE, OBSIDIANA ARCOÍRIS, OBSIDIANA CAOBA

Si no tienes malaquita a mano, puedes usar obsidiana, preferiblemente con la forma de una amable Lágrima Apache, una tierna Arcoíris o una suave Obsidiana Caoba, pues esta piedra te ayuda a sacar a la superficie y a liberar los bloqueos emocionales profundamente contenidos y los sentimientos tabú. El efecto de la pura Obsidiana Negra puede ser poderosamente catártico, de modo que tener la ayuda de la Rodocrosita, el Cuarzo Rosa o la Calcita Mangano (piedras del perdón) puestas sobre tu corazón te ayuda a llevar el proceso de soltar los bloqueos a una conclusión exitosa.

LÁGRIMA APACHE

OBSIDIANA CAOBA

OBSIDIANA ARCOÍRIS

ESCAPOLITA AZUL, CUARZO AHUMADO

Si necesitas una piedra alternativa cuando te encuentras con tu crítico interno o saboteador, la Escapolita Azul puede ser eficaz en ese encuentro, pues te ayuda a renegociar con tus figuras internas menos constructivas, como también lo hace el Cuarzo Ahumado.

CUARZO AHUMADO

ESCAPOLITA AZUL

MEDITACIÓN CON MALAQUITA
¿A qué me estoy aferrando?

Esta meditación con Malaquita es una manera poderosa de conectar con los problemas que te están impidiendo acceder a tu poder. Podemos pensar que los problemas del pasado están resueltos y que el camino por delante está despejado, pero a menudo los viejos dolores y la confusión están enterrados y actúan como bloqueos energéticos a tu progreso. Las intensas propiedades protectoras de la Malaquita te ayudan a sentirte seguro mientras sueltas delicadamente los pensamientos, sentimientos y experiencias que ya no te sirven (así como las figuras internas que te han obstaculizado) y te abres a la sabiduría que estas propiedades te ofrecen. Tómate todo el tiempo que necesites para este proceso de liberación.

1   Establécete cómodamente en un lugar donde no vayan a molestarte y respira con delicadeza, retirando tu atención del mundo externo y dirigiéndola al cristal. Mantén los ojos medio abiertos y contempla las espirales y los contornos de tu Malaquita mientras conectas con su poder. Siente su fuerza en tu mano. Deja que su energía irradie en dirección ascendente por tus brazos, hacia tu corazón y tu mente. A medida que te enfocas en cada espiral, deja que te lleve hacia dentro. Permite que las bandas te lleven delicadamente a contactar con tu yo más profundo. Cierra los ojos y relájate. Cuando estés preparado, ponte el cristal sobre el plexo solar.

2   Pide al cristal que te informe de a qué te estás aferrando y qué sería beneficioso soltar. Toma nota de cualquier pensamiento que pase por tu mente; reconoce si hay algún patrón y después déjalos ir con amor. Reconoce cualquier emoción que surja y suéltala delicadamente. Repasa tu cuerpo en busca de cualquier zona de tensión o dolor, respira suavemente y suéltalas. Deja que la Malaquita te muestre cualquier gancho que ten-

gas en el corazón y disuélvelos con delicadeza, llenando ese lugar de energía amorosa y perdón.

3 Pide a la Malaquita que te muestre cómo está afectando el pasado a tu presente en cualquier área de tu vida y cómo tu mente y tus emociones controlan lo que manifiestas. Renuncia voluntariamente a todo aquello que ya no te sirve: todo el dolor y las emociones, las creencias, las expectativas, las experiencias o figuras internas que te han pesado y te han retenido. Reconócelas y deja que sean absorbidas en el cristal para su transmutación. Suéltalas, con perdón en tu corazón.

4 Pide al cristal que te muestre los regalos ocultos detrás del viejo dolor, las cualidades que has desarrollado y los recursos que tienes a tu alcance. Asume tu poder. Permítete saber cómo los usarás y cómo trabajarás con este cristal en el futuro para manifestar tu nueva realidad.

5 Pregunta a la Malaquita si tiene alguna otra información y espera calladamente la respuesta. Si apareciese alguna figura interna, negocia un papel positivo para ella.

6 Antes de emprender el viaje de vuelta, lleva la atención a los cuerpos sutiles que rodean tu cuerpo físico y pide al cristal que expulse y transmute cualquier energía negativa o desarmonía que no haya sido liberada, llevando todos los cuerpos sutiles al alineamiento.

7 Siente que te envuelve la intensa protección de la Malaquita. Finalmente, siente la fuerza del cristal y su poderosa conexión con la Tierra, asentándote en tu existencia física y trayéndote plenamente al momento presente. Cuando estés preparado, da gracias al cristal, abre los ojos, ponte de pie y muévete.

Despejar tu mente

El noventa por ciento de nuestros pensamientos son innecesarios, desenfocados, inconscientes y destructivos, hasta que despejamos nuestra mente y tomamos el control de nuestros procesos mentales. Es esencial establecer el hábito de monitorizar nuestros pensamientos a cada momento si queremos manifestar al nivel más elevado y productivo. Pero si este nivel de conciencia te parece excesivo, practica al menos durante unos instantes cada hora, conectando una alarma si eso te ayuda. Simplemente detén lo que estés haciendo cuando suene la alarma y observa el contenido de tu mente. Asume el hábito de anotar tus pensamientos, mentalmente o en papel. Tómate un momento para despejar tu cabeza y después pregúntate: «¿Es este pensamiento verdad? ¿Me ayuda? ¿Es mío?». Tal vez te sorprenda comprobar cuántos de tus pensamientos en realidad no te pertenecen o ya no son verdad. Táchalos de la lista. Transforma estas creencias limitantes y transformarás tu mundo.

Típicos pensamientos limitantes:
- Solo puedo ser feliz si tengo dinero.
- Tendría que trabajar muy duro para ser próspero.
- No es culpa mía.
- Nunca voy a poder salir de este pozo.
- Es imperativo que…
- Nunca habrá suficiente.
- El dinero es la raíz de todo mal.
- El mundo me debe el sustento.
- Si hago eso no me querrán/ aprobarán.
- No es seguro asumir riesgos.
- Siempre estaré en deuda.
- No merezco….

- No soy lo suficientemente bueno.
- La gente como yo no puede hacer eso.
- Hay virtud en la pobreza.
- Ser rico es vulgar.
- Realizar mi sueño significa que siempre seré pobre.
- No puedo convertir mi pasión en una profesión, no es posible.
- Tengo que ser realista, no puedo…
- No tengo el empaque o la formación adecuada para hacer ese tipo de trabajo.
- No fui a la escuela o a la facultad adecuada.
- No puedo evitarlo, es mi karma.

Pregúntate cuántas veces al día dices algo similar. Reconoce que esto limita tus oportunidades de manifestar y toma la decisión de cambiarlo.

CUARZO RUTILADO
Tu cristal de purificación

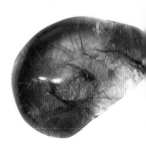

El Cuarzo Rutilado es un eficaz purificador e integrador de la energía. Te anima a soltar, te ayuda a despejar tu mente y te enseña a agudizar tu enfoque, a abrir tu mente superior y a tener comprensiones profundas. Instaura claridad y fomenta el crecimiento espiritual. Este cristal te ayuda a limpiar tu mente de creencias limitantes y de pensamientos inconscientes que de otro modo sabotearían tu manifestación.

ENTENDER ESTE CRISTAL

Los finos hilos del Cuarzo Rutilado son del mineral rojizo-marrón conocido como rutilo, que le imparte una vibración etérea, animándote a sintonizar con lo divino y las múltiples dimensiones del ser. Este cristal atrae la luz cósmica hacia la Tierra para estimular la creatividad y manifestar una manera más espiritual de ser. No obstante, el Cuarzo Rutilado es un cristal pragmático que va al corazón del asunto e insiste en que lidies con él. Te ayuda a purificar los pensamientos tóxicos y a liberar las emociones que te constriñen, reemplazándolas por una perspectiva más positiva. Con este cristal no puedes evitar los problemas. Saca a la superficie las causas procedentes de vidas pasadas, las creencias implantadas y las pautas de pensamiento destructivas, y te muestra dónde te han obstaculizado anteriormente. Este cristal enseña que manifiestas lo que eres, permitiéndote entender verdaderamente el poder del pensamiento.

El Cuarzo Rutilado eleva el espíritu. Trabaja con las membranas celulares y las sinapsis para orientarte hacia el potencial positivo del ADN y deshace los patrones destructivos; cura la memoria celular y estabiliza los meridianos energéticos del cuerpo para sustentar una nueva manera de ser. Disuelve la ansiedad y ayuda a superar tus temores, facilitando el cambio a creencias más positivas y de autoapoyo, con pensamientos constructivos que crean un nuevo mundo.

EL CUARZO RUTILADO Y LA MANIFESTACIÓN

El Cuarzo Rutilado te conecta con el plan de tu alma y te ayuda a entender los efectos de acciones previas y patrones arraigados. Te ayuda a distinguir entre el karma como «retribución por acciones previas» y la intención de tu alma. Así, por ejemplo, si vives una vida de carencia debido a un voto de pobreza anterior, o por una vida de avaricia, te ayuda a liberarte de ello. Pero si has asumido un estilo de vida particular como experiencia de aprendizaje, te ayuda a sacar el máximo partido de tu decisión. Si has asumido esa vida de carencia para estimular el reconocimiento de tus recursos internos, por ejemplo, te recuerda que mires dentro y encuentres tus puntos fuertes.

USAR EL CUARZO RUTILADO

Meditar con el cristal, o usarlo en entramados, te ayuda a enfocar tu mente de manera constructiva. Cuando se pone sobre los chakras, el Cuarzo Rutilado activa las varillas energéticas que vinculan el ser físico con las dimensiones sutiles. Uno de sus principales beneficios es amplificar el poder de tus pensamientos para que sean proyectados externamente al universo como rayos sólidos y tangibles de energía creativa que puedan ofrecerte cualquier cosa que estés buscando. Este cristal te anima a compartir lo que tienes y a ser magnánimo en tus deseos.

Cristales alternativos

CUARZO TURMALINADO, TURMALINA NEGRA, SELENITA, CUARZO AHUMADO

Si no tienes acceso al Cuarzo Rutilado, usa Cuarzo Turmalinado, o una mezcla de Turmalina Negra y Selenita, o Cuarzo Ahumado. Los cristales que contienen Turmalina son desintoxicantes naturales de la energía mental que expulsan la negatividad y bloquean los pensamientos implantados por otras personas, para que puedas alzarte en el poder de tus propios pensamientos. Cuando añades Selenita o Cuarzo a la mezcla, atraes luz cósmica para transmutar tu mente mundana en una comprensión superior.

CUARZO TURMALINADO

TURMALINA NEGRA

SELENITA

CUARZO AHUMADO

BERILO

El Berilo resulta útil cuando has seguido el imperativo mental de alguna otra persona. Te ayuda a enfocarte en hacer únicamente lo que tienes que hacer para tu propio bien más alto, permitiéndote soltar el equipaje emocional o mental que te ha estado reteniendo y manifestar tu propio potencial.

BERILO

ENTRAMADO DE CUARZO RUTILADO

¿Cómo limpio mi mente?

Este entramado te permite despejar la mente y cambiar tu impronta mental. Muchas de nuestras creencias esenciales han sido implantadas por las experiencias del pasado, bien sean personales o culturales, o por personas como nuestros padres y profesores. Una vez que has despejado tu mente, puedes reemplazar la negatividad por creencias fundamentales que favorezcan la manifestación. La autoestima, confiar en el universo mientras cuidas de ti mismo, así como seguir el flujo, facilitan el proceso. Vuelve a este entramado, y a las creencias que transmuta, con tanta frecuencia como lo necesites, hasta que puedas atrapar un pensamiento destructivo antes de que tenga tiempo de dejarse sentir. Haz de la conciencia tu modo de vida. Necesitarás seis piedras pulidas o pequeñas puntas de Cuarzo Rutilado, además de una punta más grande.

1 Siéntate en silencio sosteniendo el Cuarzo Rutilado grande y conecta con el poder de la piedra. Revisa los pensamientos de fondo que te han sido revelados cuando monitorizaste tu mente (véase página 49). Mira todos esos pensamientos tóxicos que te fueron implantados desde la infancia o que reconoces como programas de vidas pasadas o votos que requieren un replanteamiento. Piensa en cada creencia negativa. Si es posible, síguela hasta su fuente. Pregúntate si era verdad entonces, y si la crees ahora. Si ya no es verdad, libera ese pensamiento al gran Cuarzo Rutilado para su transmutación, nombrando en voz alta la creencia opuesta mientras lo haces: una positiva para reemplazar la negativa. Haz esto con cada una de tus creencias limitantes y pensamientos negativos. Acuérdate de preguntarte si estás abierto a recibir abundancia en todas sus formas.

2 Toma la decisión de cambiar permanentemente esa pauta de pensamiento que no es beneficiosa para tu bienestar. Coloca una piedra en cada punta de un triángulo que mire hacia abajo, usando tres de tus piedras de Cuarzo Rutilado de menor tamaño. Dibuja el triángulo mentalmente. Este triángulo representa todos esos pensamientos negativos que has puesto a descansar.

3 Construyendo sobre el triángulo anterior, pon cristales en las puntas de otro triángulo que mire hacia arriba. Une el triángulo en tu mente. Esto representa todas las creencias positivas que estás incorporando en tu nueva impronta mental, que es abundante y próspera, y deja sitio para que se manifiesten cosas buenas que enriquecen tu vida.

4 Pon el Cuarzo Rutilado de mayor tamaño en el centro de la Estrella de David para que el proceso de transmutación pueda continuar. Siéntelo irradiar luz cósmica y amor hacia el entramado de cristales y hacia tu vida de cada día.

5 Este entramado constituye el enfoque perfecto para una meditación diaria de cinco minutos. Míralo, dejando que tus ojos se desenfoquen y aquietando tu respiración mientras observas los cristales. Si tomas conciencia de otra creencia limitante más, suéltala, dirigiéndola hacia el cristal central, y afirma en voz alta lo opuesto, la creencia que potencia la vida. No intentes hacer que ocurra nada, simplemente permite. Nota lo distinto que te sientes después de una semana: lo clara y enfocada que está tu mente y cuánto se ha agudizado tu pensamiento. Limpia regularmente el Cuarzo Rutilado.

Limpiar tu karma

El karma dice que «todo lo que va vuelve», pero este no tiene por qué ser un concepto negativo. Podemos generar «buen» karma con tanta facilidad como «mal» karma, pues este es un proceso más de equilibrar que de castigar. Forma parte del crecimiento del alma, pero podemos ir más allá de nuestro karma, hacia un estado de ser iluminado en el que reconozcamos que creamos nuestra realidad a cada momento. Limpiar tu karma es otra de las claves de la manifestación.

No tienes que creer en vidas anteriores para creer en el karma. Simplemente basta con aceptar que «todo lo que va vuelve». Algo anterior, en tu vida actual o arraigado en patrones ancestrales, puede representar el «antes» que genera tu karma. No obstante, si entiendes el concepto en toda su amplitud, reconoces que tu alma está en un viaje mucho más largo y con un propósito mucho mayor de lo que se concibe tradicionalmente en Occidente. Entonces se revela el cuadro mayor que está detrás de los aparentes fracasos en el proceso de manifestación, así como la llave para abrir el futuro.

Tu alma tiene un plan para tu vida, una programación que se establece antes de que tú encarnes. Puede enfocarse en torno a pautas arraigadas que tienes la intención de cambiar, o a la búsqueda de nuevos recursos y aprendizajes. No obstante, una vez encarnado en cuerpo físico, tiendes a olvidarte de dichos planes y entonces entra en juego el condicionamiento, hasta que reconoces el patrón y lo cambias. El alma puede bloquear planes que son destructivos o que no sirven a tu bien más alto, aunque tienes libre albedrío; también puede permitir que el aprendizaje continúe, como una lección sobre lo que ocurre cuando te distancias del camino de tu alma. Asimismo es posible que te veas atrapado en imperativos kármicos que pasen por alto el plan de tu alma. Las principales causas kármicas son contratos del alma, pactos, votos, promesas, expectativas y deberes establecidos en vidas anteriores, que pueden necesitar ser liberados o reencuadrados para que llegues a estar en línea con tu actual plan de evolución. Por fortuna, el karma de gracia nos permite realizar reajustes y entrar en otra dimensión del ser en la que manifestamos conscientemente nuestra propia realidad.

ÁGATA VIENTO FÓSIL
Tu transformador kármico

El Ágata Viento Fósil te enseña que eres un alma eterna encarnada en un ser humano en este momento temporal. Revela el equipaje kármico y emocional que llevas contigo y las defensas que has erigido para asegurarte la supervivencia. Pelar suavemente las capas que ocultan quién eres en esencia revela la belleza de tu alma; el alma tiene el poder de manifestar infinitas posibilidades.

ENTENDER ESTE CRISTAL

El Ágata Viento Fósil es una piedra persistente y portadora del karma de gracia, y simboliza las capas limpiadas primero por el agua y después por los fuertes vientos que soplan en los cañones del desierto, exhibiendo de manera prominente sus porciones más duras. La piedra sabe lo que es pasar por los fuegos de la transmutación para alcanzar su precioso núcleo, y así te ayuda a revelar quién eres en verdad.

El Ágata Viento Fósil limpia las incrustaciones kármicas y el equipaje emocional que nuestra alma ha llevado durante eones. También conoce las habilidades de supervivencia para adaptarse durante la vida en la Tierra; ha ido cambiando de forma a lo largo de su prolongada existencia. Si aún queda algo del pasado por conformar o afrontar, el Ágata Viento Fósil te ayudará a resolverlo para que puedas pasar a otra cosa. También te ayuda a identificar las lecciones del alma que aún te quedan por aprender, los dones que aún no has reconocido y las promesas, situaciones y relaciones que han caducado y tienen que ser reformuladas.

EL ÁGATA VIENTO FÓSIL Y LA MANIFESTACIÓN

El Ágata Viento Fósil revela todas las causas kármicas que están detrás de la aparente manifestación errónea, o de una aparente incapacidad de manifestar lo que necesitas. Hace hincapié en las expectativas construidas a partir de experiencias pasadas y te ayuda a liberar tus juicios sobre cómo será el futuro, basándote en esas expectativas. También te muestra las fuerzas kármicas a las que tienes que recurrir, las habilidades de supervivencia que has desarrollado y las interminables posibilidades de tu alma. Te asegura que sobrevivirás, pase lo que pase y, al liberar el pasado, abre la posibilidad de manifestar un futuro brillante en el aquí y ahora.

USAR EL ÁGATA VIENTO FÓSIL

Meditar con un Ágata Viento Fósil —especialmente en los chakras de vidas pasadas situados detrás de las orejas (véase página 58)— te muestra los contratos del alma, los pactos y las promesas que debes dejar atrás, y también señala el camino hacia delante. La piedra te ayuda en las regresiones profundas destinadas a reformular vidas anteriores, aunque este trabajo debe emprenderse bajo la guía de un terapeuta cualificado.

Este cristal es particularmente útil si se lleva en situaciones traumáticas o difíciles, donde se necesita fuerza y persistencia para superar circunstancias sobre las cuales no parecemos tener ningún control, puesto que echa mano de tus fuerzas de supervivencia kármicas. El Ágata Viento Fósil conoce el secreto de actuar en el momento justo. Ofrece la confianza necesaria para esperar en silencio hasta que llega el momento del cambio, y el coraje para hacer el movimiento.

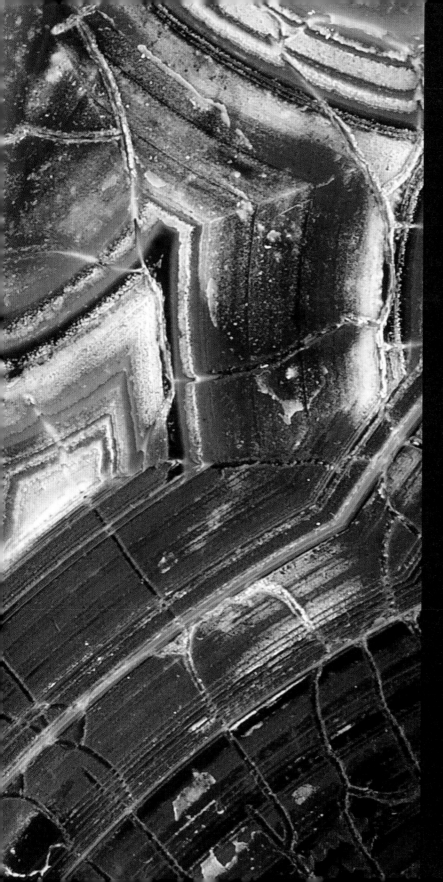

Cristales alternativos

DUMORTIERITA, PIEDRA VENTISCA

La Dumortierita (una forma del Cuarzo azul) y la Piedra Ventisca (una forma de Gabro) estimulan los recuerdos cuando se ponen sobre los chakras de vidas pasadas. Estas piedras ayudan a mantener un enfoque desapasionado y a reconocer los regalos del alma y las lecciones contenidas en tus experiencias. También te hacen más receptivo a la guía del alma. Usa la Dumortierita si sufres una sensación de carencia en tu vida. La Piedra Ventisca te ayuda a borrar recuerdos de persecuciones o prejuicios.

DUMORTIERITA PIEDRA VENTISCA

SANADOR DORADO, MAYANITA ARCOÍRIS

El precioso y etéreo Sanador Dorado y la chispeante Mayanita Arcoíris —un cristal de vibración todavía más alta— curan las capas sutiles del cuerpo biomagnético que contienen antiguas memorias, cicatrices etéricas y patrones kármicos. Disolviéndolos suavemente, los cristales llenan los espacios de luz cósmica, manifestando un nuevo potencial del alma.

SANADOR DORADO MAYANITA ARCOÍRIS

ACTIVACIÓN DEL ÁGATA VIENTO FÓSIL

¿Cómo limpio mi karma?

Los chakras de vidas pasadas están situados detrás de las orejas y a lo largo del borde óseo de la base del cráneo. Estos chakras contienen recuerdos de tu pasado y de patrones profundamente arraigados establecidos a lo largo de muchas vidas, así como de dones kármicos, habilidades y sabiduría que pueden ayudarte en tu vida actual. Masajear estos chakras puede activar recuerdos e imágenes, y te ayuda a soltar cualquier cosa del pasado que esté interfiriendo con tu actual manifestación. Limpiar estos chakras es particularmente útil si en el pasado has hecho votos de pobreza, pactos del alma o promesas que ahora te están impidiendo avanzar en la vida.

1 Limpia tu Ágata Viento Fósil dejándola en arroz integral durante la noche. A continuación deshazte del arroz; no lo comas.

2 Sostén el cristal con ligereza en tus manos y conecta con su poder: siéntelo irradiar por todo tu ser. Dedícalo a retirar todo el karma limitante y los pactos, promesas, contratos del alma, votos, expectativas y patrones arraigados del pasado, dondequiera que se hicieran, y a revelar tus méritos kármicos y la sabiduría de tu alma.

3 Cierra los ojos. Usando la mano que te resulte más cómoda, ponte el Ágata Viento Fósil detrás de la oreja derecha y masajea a lo largo del borde óseo de tu cráneo hasta alcanzar la hendidura en la parte posterior. Empieza en la oreja izquierda y vuelve a masajear hasta el centro. Mientras trabajas, acuérdate de que estás limpiando todas las incrustaciones kármicas para revelar quién eres realmente. Continúa masajeando todo el tiempo que te parezca adecuado. Si surge algún recuerdo, obsérvalo objetivamente, adquiriendo comprensiones sobre lo que ha estado reteniéndote o reconociendo los puntos fuertes kármicos que has desarrollado. Si el recuerdo es negativo, no juzgues ni culpes; simplemente observa y acepta que es así como fue entonces, pero recuérdate que ahora es diferente. Si hace falta reencuadrar algo, hazlo ahora. Si, por ejemplo, descubres que has hecho un voto o promesa que ya no te sirve, añade «Solo por aquella vida». Si te fueron implantadas creencias como «Nunca habrá suficiente», cámbialas por «Siempre hay suficiente». Si alguien te está atando a algo que ya no es relevante, o si te sientes culpable y responsable de alguna otra persona, suelta eso. Negocia con la otra persona si es necesario; el Ágata Viento Fósil te ayuda a saber instintivamente qué decir. Si reconoces un patrón negativo, elimínalo y reemplázalo por otro benéfico. Sé creativo en tu replanteamiento: cambia el escenario completamente, si es lo apropiado. Ahora da las gracias a los recuerdos por mostrarse y suéltalos, con amor y perdón. Recuérdate que eso fue entonces y esto es ahora. Abraza voluntariamente tus méritos kármicos y las lecciones aprendidas.

4 Sosteniendo tu Ágata Viento Fósil, di en voz alta: «Libero cualquier voto, pacto, promesa, contrato del alma, pensamiento implantado, equipaje emocional, patrón o creencia negativos, imperativos del alma caducados y cualquier otra cosa que se alce en el camino de manifestar mi verdadero yo». «Peina» con el Ágata Viento Fósil el espacio que hay alrededor de todo tu cuerpo a la distancia de un brazo, asegurándote de incluir la espalda y el área que hay alrededor de los pies. Llegado a este punto, es posible que sientas mucho frío, pero permite que todo lo negativo desaparezca y que se revelen tus dones kármicos.

5 Sostén el Ágata Viento Fósil encima de tu cabeza. Invita al karma de gracia y siente todo tu cuerpo impregnado de luz cósmica y que se llenan todos los espacios donde has soltado algo.

6 Pide al cristal que te muestre tu alma y toda su belleza para que puedas manifestarla plenamente, y crear tu propia realidad.

7 Imagina una burbuja protectora a tu alrededor y una raíz que se hunde profundamente en la tierra para anclar tu encarnación. Deja el cristal y entra en tu presente tal como se manifiesta a cada momento. Limpia el cristal.

Generar abundancia

La abundancia es una actitud mental. Es mucho más que el simple hecho de tener dinero. Una fuerte sensación interna de bienestar abundante abre tu mente a infinitas posibilidades. Abundancia significa vivir de una manera profundamente enriquecedora a nivel físico, emocional, mental y espiritual. Se basa en valorarte a ti mismo y en valorar tu vida exactamente tal como sois ahora mismo. Frecuentemente las personas viven en un vacío, esperando antes de empezar a vivir, en lugar de vivir el momento. Pero no tiene por qué ser así. Tienes dentro de ti toda la riqueza que necesitas para crear un mundo abundante. Simplemente tienes que creértelo. El mayor recurso que puedes desarrollar es el sentido inamovible de tu propia valía interna. Hónrate por lo que has conseguido. Sé compasivo contigo mismo. Siéntete bendecido, confía en que puedes manifestar todo lo que necesitas y comparte generosamente con otros lo que tienes. Esto genera un flujo interminable. Vives en un mundo abundante.

Recuerda: «Lo parecido atrae a lo parecido»:
– Tu mente consigue lo que concibe, de modo que piensa positivamente.
– Mide tu valía en función de quién eres, no de lo que posees.
– Céntrate exactamente en lo que deseas atraer, no en lo que no tienes.
– Haz lo que te hace dichoso, lo que te encanta hacer.
– Muéstrate agradecido y siéntete bendecido.
– Cree que puedes hacer realidad tus sueños.
– Acepta y aprecia las pequeñas alegrías de la vida diaria.
– Evita la duda, la culpa y el dejar las cosas para mañana; suelta el temor y evita sentir lástima de ti mismo.
– Comparte lo que tienes y siente el placer de dar.

CITRINO
Tu cristal de la abundancia

El Citrino te enseña a vivir con abundancia y te muestra lo que es la verdadera prosperidad. Con su energía alegre y estimulante, es particularmente beneficioso para atraer abundancia a tu vida y para disolver los bloqueos a la creatividad. Esta piedra entusiasta es portadora del poder del sol, y energetiza y estimula a todos los niveles. Trabaja con ella y conseguirás intuitivamente lo que más deseas atraer. Úsala si deseas potenciar tu autoestima. Guardar un Citrino en el bolsillo o en el bolso te asegura que nunca te faltarán recursos.

ENTENDER ESTE CRISTAL

El Citrino es una piedra enormemente beneficiosa, y es una forma de Cuarzo, por lo que amplifica y regenera la energía. La mayor parte del Citrino amarillo-dorado o pardusco-amarillo que se vende actualmente es Amatista o Cuarzo Ahumado tratados con calor, que son portadores de las fuerzas de la transmutación y de la alquimia interna. Habiendo pasado por los fuegos de la transmutación, el Citrino te acompaña por los lugares oscuros de la vida y te lleva sano y salvo al otro lado, animándote a reconocer el valor de tu experiencia.

El Citrino es una piedra extremadamente útil en situaciones en las que necesitas adquirir comprensión o confianza antes de manifestar el cambio, o cuando la duda o el comportamiento autodestructivo te están reteniendo. Su color amarillo brillante es como un rayo de sol que viene a tu vida; es imposible seguir deprimido cerca de este cristal incontenible.

El Citrino natural es raro, pero extraordinariamente poderoso. El Citrino natural, ligero y brillante, activa la confianza en uno mismo y te ayuda a reconocer tu propia valía, mientras que el Citrino Ahumado (Cuarzo Kundalini) es portador del poder Kundalini: una energía interna, sutil, creativa, espiritual y sexual que reside en la base de la columna, potencia la pasión y te ayuda a ser cocreador de tu mundo. Su energía es tan brillante que atraes de manera natural la pasión y el poder, porque la negatividad no puede dominar.

EL CITRINO Y LA MANIFESTACIÓN

El Citrino atrae hacia ti abundantes oportunidades, amistades, buena salud, riqueza interna y también externa. Es la piedra perfecta para usarla cuando deseas estimular la pasión o una mayor alegría, o potenciar tu creatividad, pero también te ayuda a atraer el trabajo perfecto, un aumento de sueldo o una nueva casa. Animándote a compartir lo que tienes con los demás, el Citrino ofrece alegría a todos los que trabajan con él. Este cristal fomenta la calma interna, facilitando el emerger de tu sabiduría innata, el libre flujo de sentimientos y el equilibrio emocional. También es perfecto cuando has estado intentando manifestar algo durante mucho tiempo y tienes la sensación de no llegar a ninguna parte. Corrige el agotamiento energético subyacente y te ayuda a reconocer y a invertir cualquier sentimiento de carencia de tu vida, reactivando el entusiasmo.

USAR EL CITRINO

El Citrino es una piedra excelente para transmutar la energía e irradiar positividad. Guárdalo en el bolsillo o en el monedero para generar prosperidad.

Cristales alternativos

TOPACIO, PIEDRA DE SOL

Las piedras amarillas, como el brillante Topacio o la solar Piedra de Sol pueden sustituir al Citrino si no tienes esta piedra a mano. Ambas atraen hacia ti todo lo que deseas tener, y te ayudarán a sentirte animado y optimista.

PIEDRA DE SOL

TOPACIO

CORNALINA, CINABRIO, JADE, TURQUESA

Otras piedras tradicionales para generar abundancia son la Cornalina, el Cinabrio, el Jade y la Turquesa; todas ellas han sido usadas históricamente durante miles de años como amuletos para sustentar tu poder de manifestación.

CINABRIO

CORNALINA

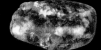

JADE

TURQUESA

RITUAL CON EL CITRINO
¿Cómo creo abundancia?

Los Pentáculos, o estrellas de cinco puntas, atraen de manera natural la energía universal hacia la tierra para manifestar todo lo que deseas. Para este ritual necesitarás cinco Citrinos pulidos o apuntados (si usas cristales con punta, asegúrate de que todos apunten en la dirección adecuada del pentáculo). También necesitarás una vela dorada o verde, un bolígrafo y papel (preferiblemente verde o dorado).

1 Dibuja una gran estrella de cinco puntas sobre el papel con un rotulador.

2 Sostén los Citrinos en las manos y conecta con su poder, sintiendo que irradia hacia tus chakras de manifestación. A continuación, trabajando lentamente con intención enfocada y con la mano izquierda extendida, pon un Citrino en cada punta de la estrella, empezando por la parte alta. Al poner las piedras, visualiza que las puntas del pentáculo se unen e irradian luz.

3 Pon la vela en el centro de la estrella y enciéndela. Al hacerlo, ponte la mano derecha sobre la frente.

4 Di en voz alta y con intención enfocada: «Llamo a mi vida a la abundante energía universal; que se manifieste en todo lo que hago, pienso, siento o digo. Así sea».

5 Siente que la energía universal está siendo atraída hacia la estrella e irradia a tu alrededor.

6 Contempla tu estrella en silencio durante unos momentos.

7 Cuando apagues la vela, siente que envía abundante luz hacia todos los rincones de tu ser.

8 Deshaz la estrella y ponte uno de los Citrinos en el bolsillo o en el bolso. Ahora desconecta tu energía y atención de la estrella y deja el proceso en marcha.

Alquimia económica

La alquimia es el proceso de convertir los metales comunes en oro. En otras palabras, lleva los materiales comunes a un estado energético superior y más refinado. La alquimia es una metáfora de un potente cambio psicológico, y es un antiguo proceso de transformación que impulsó la química y la metalurgia, y también la metafísica. Los alquimistas pasaron años en sus laboratorios buscando los secretos de la vida. No era únicamente un proceso físico, porque también se empleaba la magia, y los alquimistas entendían los procesos ocultos de la manifestación, y cómo la manipulación y conformación de la energía en las dimensiones sutiles creaba una nueva realidad. También entendieron que tal como piensas, así eres, y que el «como piensas» podía ser transformado. El secreto de la alquimia era: «Como arriba, así abajo; como abajo, así arriba». Los antiguos alquimistas vieron una cadena de correspondencia desde lo más elevado hasta lo más bajo, que atraía hacia la tierra los poderes cósmicos y los retornaba en un círculo interminable. Ellos sabían que nosotros somos el universo: en la esencia no hay diferencia, solo en la forma que adquiere la sustancia.

La alquimia económica requiere tomar algo menor, o aparentemente carente de valor, y manifestarlo en una cantidad mucho mayor y con mayor valor. Esto no tiene que basarse estrictamente en el dinero. La alquimia económica abarca todo tipo de riqueza, incluyendo los recursos internos, y puede usarse para dar la vuelta a una empresa que no va bien o a tus finanzas personales.

Lo que hace que la alquimia funcione:
– Estar totalmente presente en el proceso.
– La intención enfocada.
– Mantener tu centro.
– No juzgar.
– Confiar en las fuerzas ocultas que están operando.
– Filtrar, destilar y transmutar los materiales comunes en oro espiritual.
– Reconocer que eres parte integrante del universo.

PIEDRA DE ORO
Tu cristal alquímico

La Piedra de Oro, brillante y parecida a una gema, se crea a partir del vidrio y el cobre mediante un proceso alquímico, y por lo tanto te ayuda a realizar la alquimia económica que puede transformar tu vida. Este cristal a menudo se vende como «la piedra del dinero», y se usa tradicionalmente para atraer riqueza de todo tipo. También se la conoce como la piedra de la ambición, que potencia la motivación y el coraje para tener éxito en la manifestación.

ENTENDER ESTE CRISTAL

Se cree que la Piedra de Oro fue creada en la Venecia del siglo XVII por los Miotti, antigua familia de fabricantes de vidrio, pero se rumorea que los alquimistas la habían creado mucho antes en sus intentos de fabricar oro. Otra leyenda dice que fue creada en Italia por una orden monástica, siguiendo una receta secreta, y por tanto se la conocía como «el oro del monje».

Fue creada dentro de un alambique con oxígeno reducido, añadiendo cobre u otras sales minerales al vidrio derretido, y se la llamó gema en la época victoriana. Actualmente su uso se ha popularizado en joyería y para generar riqueza. Su apariencia chisposa sugiere su nombre alternativo de «Estelaria», o piedra de estrella. También se la llama «Aventurina», y en cierto sentido se parece al Feldespato natural del mismo nombre, que durante mucho tiempo se ha considerado un cristal de manifestación, y que puede ser sustituido por esta piedra de fabricación humana.

LA PIEDRA DE ORO Y LA MANIFESTACIÓN

La Piedra de Oro es una piedra Generadora que durante mucho tiempo ha estado asociada con la ambición y la determinación. Creada en los fuegos de la transmutación, ayuda a realizar la introspección necesaria antes de que puedas transformar los procesos de pensamiento para crear tu mundo externo. Instaura en ti la autoconfianza inamovible y la actitud positiva que te permiten asumir riesgos y probar cosas nuevas. Cuando se fabrica la Piedra de Oro, el vidrio fundido tiene que ser mantenido cuidadosamente a una temperatura específica hasta que las sales minerales hayan cristalizado para dar sus espectaculares colores. La Piedra de Oro de la mejor calidad se halla en el núcleo de la masa una vez enfriada, siendo la «cáscara» externa más opaca y menos brillante: tiene que ser abierta y pulida para que pueda revelar su belleza. Por lo tanto, representa los procesos internos invisibles que deben ocurrir antes de que pueda manifestarse la transmutación visible.

La Piedra de Oro te ayuda a encontrar tu riqueza interna y te da paciencia para esperar hasta que el momento sea exactamente el adecuado para revelarla. De sus diversos colores, cada uno tiene su cualidad particular. Se dice que la Piedra de Oro Azul da suerte y abre nuevas oportunidades con cada día que pasa.

USAR LA PIEDRA DE ORO

La Piedra de Oro es excelente para entramados y rituales de prosperidad, pues su apariencia chispeante estimula el proceso de que «lo parecido atrae a lo parecido». En joyería, mantiene bien la activación y retiene sus poderes durante mucho tiempo. Esta hermosa piedra te recuerda tu riqueza interna y te ayuda a realizar el mejor uso posible de tus recursos naturales. Lleva una en el bolsillo o en el bolso.

Cristales alternativos

AVENTURINA, JADE

La Aventurina, talismán y piedra de prosperidad tradicional de los jugadores, puede ser un sustituto de la Piedra de Oro, y también el Jade. El Jade, una de las piedras de abundancia más antiguas, atrae buena suerte a quien lo lleva. Incrementa la cantidad de cuidados que te dedicas a ti mismo y protege de posibles daños; también transforma los pensamientos negativos en positivos. El Jade azul-verde resulta útil si eres impaciente, pues favorece la serenidad y te ayuda a esperar mientras se despliega el proceso de manifestación.

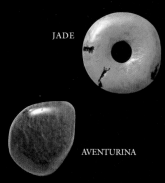

JADE

AVENTURINA

OJO DE TIGRE

El Ojo de Tigre es de ayuda cuando quieres usar tu poder sabiamente. Combinando la energía del Sol con la de la Tierra, baja el poder al plano terrenal para que pueda ser usado con sensatez y con poderoso enfoque. Tradicionalmente se ha usado como talismán contra las malas intenciones.

OJO DE TIGRE

EL ENTRAMADO DE PIEDRA DE ORO

¿Cómo genero riqueza?

En último término, toda tu riqueza viene de echar mano de tus recursos internos y manifestarlos en el mundo. Para hacer este entramado, comienza enfocándote profundamente dentro de ti mismo a fin de identificar tu riqueza interna: todas las destrezas y habilidades que puedes dar a conocer. Este diseño purifica y retira la escoria, destilando el oro puro, y también irradia estas cualidades doradas hacia el mundo, haciendo que entre en juego la Ley de Atracción y que devuelva esas cualidades aumentadas miles de veces. Este entramado es particularmente eficaz cuando uno se prepara durante la luna nueva, que facilita la introspección, y después lo realiza en luna llena, que facilita la manifestación. Necesitarás diez Piedras de Oro (o Aventurinas) para este entramado, además de una gran hoja de papel (preferiblemente coloreado) y un bolígrafo o rotulador dorado.

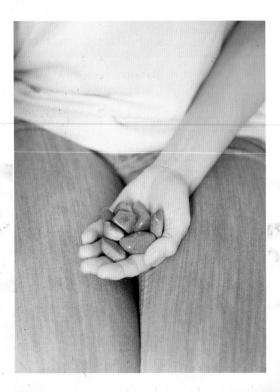 

1 Sostén las Piedras de Oro en la mano, conecta con su poder y siente cómo irradia hacia tus chakras de manifestación (véase página 30). Dedícalas a ayudarte a identificar tus recursos internos y a manifestarlos en el mundo. Sostén las piedras en tu regazo con tu mano no dominante.

2 Siéntate en silencio con un bolígrafo y papel, y ve anotando todos los recursos, habilidades y destrezas que posees, por pequeñas que te parezcan. Pregúntate: «¿Qué estoy manteniendo oculto? ¿Qué recursos poseo? ¿Qué riquezas guardo en mi interior? ¿Qué no estoy reconociendo con respecto a mí mismo?», y permite que las respuestas surjan en tu mente. Anótalas. No retengas nada y concédete crédito por todas tus posibles cualidades.

3 Cuando hayas establecido tus cualidades, deja la lista a un lado y vuelve a ella otro día. Y otro. Y otro. Añade todas las cosas que vayan surgiendo en tu mente desde que comenzaste la lista original.

4 Reúne tu lista de cualidades, tu hoja de papel de gran tamaño, tu rotulador dorado y tus diez Piedras de Oro. Dibuja una gran espiral en el sentido contrario al de las agujas del reloj sobre el papel usando el rotulador, empezando en el centro y moviéndote hacia fuera para acabar en lo alto de la página.

5 Empezando en el centro, extiende tus Piedras de Oro a lo largo de la espiral con tu mano izquierda. Al poner cada piedra, reconoce un recurso interno que hayas descubierto; respira esa cualidad dentro del cristal diciendo: «Soy rico, tengo… [nombra la cualidad apropiada] y envío esto al mundo». Cuando hayas completado la espiral, vuelve al centro y toca cada piedra conforme añades más cualidades al entramado.

6 Cuando el entramado esté plenamente cargado con todas las cualidades internas que has llevado a él, añade más cualidades que te gustaría tener, o que te ayudarían de algún modo en el proceso de manifestación.

7 Ponte la mano derecha sobre la frente. Siente intensamente el proceso de transmutación a medida que las cualidades entran en sinergia y salen volando hacia el mundo para alquimizar y transformar tu riqueza interna en riqueza externa.

8 Desvincúlate del proceso y deja que el entramado haga su trabajo.

9 Cuando haya pasado una semana, retira las piedras. Dibuja una espiral en el sentido de las agujas del reloj encima de la existente y reordena las Piedras de Oro con el fin de que atraigan hacia ti todo lo necesario para progresar en tu vida.

Sustentar tu salud y bienestar

Tu manera de pensar y sentir tiene un poderoso efecto en tu bienestar. Tu actitud hacia la vida acaba manifestándose físicamente. Las emociones como la culpabilidad o la ira son insidiosas precursoras de la enfermedad. Reorientarse hacia las emociones y los pensamientos positivos potencia enormemente tu capacidad de conservar la salud. Pero el bienestar no depende únicamente de tu salud física. Surge de un estado interno de calma, compostura y estabilidad esencial.

La fuerza de vida universal, o Qi, fluye alrededor de tu cuerpo, pasando a través de los meridianos sutiles (canales) a cada órgano y célula. Los cristales sanadores contienen cantidades significativas de Qi que se transfieren a tu cuerpo a través de los chakras y órganos. El sistema de chakras es el mediador en el funcionamiento de tus energías, y los bloqueos en los chakras generan enfermedades, pero las vibraciones sutiles pueden liberarlos. Los cristales también contienen ondas bioescalares que favorecen la curación y fortalecen el sistema inmunitario. El sistema inmunitario es tu primera línea de defensa y, cuando trabaja eficientemente, te mantiene con buena salud. Si sucumbes a una infección, un sistema inmunitario sano requiere un menor tiempo de recuperación. Algunas enfermedades, como el síndrome de fatiga crónica y las infecciones virales, se producen cuando la actividad del sistema inmunitario está por debajo de lo normal; otras, como la artritis reumatoide y el lupus, cuando está demasiado activo. Los cristales te ayudan a mantener el equilibrio correcto. El principal punto de curación para tu sistema inmunitario es la glándula timo (el chakra corazón superior; véase página 77), situado en el centro del pecho. La estimulación de este punto ayuda a conservar la salud.

La enfermedad puede crearse de maneras sutiles. Si recibes un shock a nivel físico, emocional o mental, tus chakras se desequilibran y tu cuerpo reacciona. Cuando eres atacado por virus o por los pensamientos de alguien, se produce la enfermedad. La tensión continua o el descanso inadecuado acaban manifestándose como enfermedad física. Si estás agotado, tienes menos resistencia. La ansiedad crónica y el temor también debilitan el cuerpo. Pero investigaciones recientes han demostrado que si puedes transmutar estas experiencias tóxicas en otras más positivas, la curación intercelular reparará el ADN dañado, y tú manifestarás más salud y bienestar.

QUÉ SERÁ
Tu cristal de la salud y el bienestar

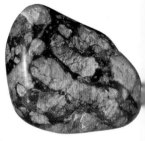

Qué Será es una asombrosa piedra curativa que contiene una alta proporción de Qi y ondas bioescalares que favorecen la salud óptima. Te ayuda a mantener tu cuerpo físico plenamente energetizado y en equilibrio, y a comprender y sanar las fuerzas psicosomáticas y las alteraciones de las energías sutiles que producen enfermedad. Mantiene los sistemas inmunitarios físico y psíquico funcionando de manera eficaz. Con la ayuda de esta piedra puedes manifestar un bienestar máximo.

ENTENDER ESTE CRISTAL

Nacido de las megafuerzas que crearon nuestro universo, Qué Será es una poderosa y sinérgica combinación de minerales con una vibración extremadamente alta, y al mismo tiempo profundamente terrenal. Contiene Cuarzo, Feldespato, Calcita, Caolinita, Hierro, Magnetita, Leucozone y Clinozoisita, todas las cuales tienen excelentes cualidades sanadoras. Esta piedra lo hace todo: alivia, energetiza, reequilibra y restaura. Sostenerla es como estar enchufado a la corriente eléctrica: enciende cada célula de tu cuerpo. Qué Será te ayuda a sintonizar con los Registros Akásicos (información sobre todo lo que ha ocurrido y todo lo que ocurrirá) del propósito de tu alma y a ver todos los resultados posibles. La piedra insiste en que te alces sobre tu propio poder. Si has tomado sobre ti deberes, o has asumido inconscientemente un papel para que el mundo te considere «una buena persona», Qué Será te libera, enseñándote que ese acto de «servicio» en realidad es interesado. Te libera para que tu servicio pueda ser realmente desinteresado. Con Qué Será no hay errores, solo experiencias de aprendizaje. Si tiendes a quedarte fijado en los problemas, este cristal te ayuda a encontrar soluciones constructivas y a confiar en tus acciones. Con esta piedra puedes co-crear tu futuro. (La Llanoita contiene una vibración menos intensa.)

EL QUÉ SERÁ Y LA MANIFESTACIÓN

Qué Será actúa como una batería para activar tu poder y manifestar bienestar. Energetiza el chakra Estrella Tierra (tu vínculo con la Madre Tierra), el chakra básico, el chakra sacro y el chakra Puerta Estelar (un portal cósmico), y, cuando se pone debajo del ombligo, activa el paquete de poder situado en el Dantien, encima del chakra sacro (véase página 77). Con esta piedra puedes crear verdaderamente tu propia realidad.

USAR QUÉ SERÁ

Qué Será es una poderosa portadora de Qi y excelente sanadora general, y posee una fuerte energía bioescalar-onda de fácil acceso. Es un buen escudo contra el Wi-Fi y otros contaminantes electromagnéticos; equilibra y recarga los meridianos y órganos de los cuerpos sutiles y del físico. Ponla en cualquier lugar donde haya enfermedad o agotamiento. El cristal activa los neurotransmisores para optimizar el circuito energético corporal. Qué Será es excelente para el sistema inmunitario por su efecto equilibrante. Si el sistema inmunitario está excesivamente activado, lo seda; si está insuficientemente activado, lo estimula. Al primer signo de infección, fija una piedra Qué Será con cinta adhesiva sobre la glándula timo. Si te resulta imposible decir no, lleva un Qué Será en el bolsillo. Te ayuda a decir sí solo a lo que es beneficioso para ti.

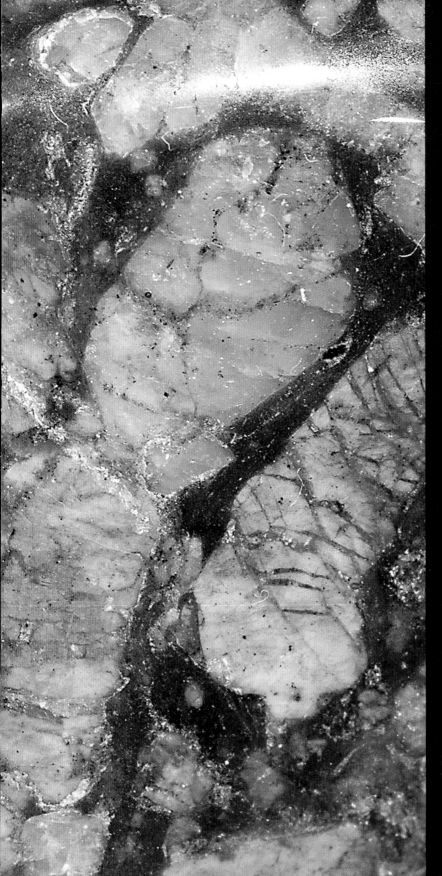

Cristales alternativos

SANGUINARIA, ÁMBAR

La Sanguinaria es una de las piedras curativas más antiguas: ha sido usada durante más de cinco mil años y siempre ha estado asociada con el fortalecimiento del sistema inmunitario y la desintoxicación de los órganos. Mantiene la pureza energética de la sangre, que antiguamente se consideraba como la fuerza de vida. A la sanguinaria se le han asignado propiedades mágicas, y se creía que mantenía alejadas las entidades indeseables que causaban las enfermedades. El Ámbar tiene una historia curativa similar: expulsa las toxinas y estimula el sistema inmunitario para mantener un bienestar óptimo.

SANGUINARIA

ÁMBAR

CUARZO, AMETRINA

El Cuarzo es la piedra curativa maestra. Su matriz interna absorbe, amplía y proyecta la energía. La Ametrina, con su combinación de Citrino energetizante y Amatista calmante, mantiene la salud óptima. Resulta útil para la enfermedad crónica, pues aporta comprensión de las causas sutiles de la enfermedad.

AMETRINA

CUARZO

UBICACIÓN DEL CRISTAL QUÉ SERÁ INMUNOESTIMULANTE

¿Cómo mantengo el bienestar óptimo?

Esta ubicación curativa del Qué Será impregna de un intenso Qi tu sistema inmunitario y estimula el sistema linfático para que drene toxinas del cuerpo. Qué Será también puede restaurar el equilibrio a los chakras. Necesitarás uno o más cristales Qué Será, además de, a ser posible, un Cuarzo Claro y un Cuarzo Ahumado.

1. Sostén tu piedra Qué Será en la mano y conecta con su poder; siéntela irradiando hacia tus chakras de manifestación y por todo tu cuerpo.

2. Para estimular el sistema inmunitario, túmbate y pon un Qué Será sobre tu glándula timo (como la anchura de una mano por debajo de la garganta).

3. Si es posible, pon un Cuarzo Claro (con la punta hacia abajo) en el centro de tu frente y un Cuarzo Ahumado (con la punta hacia abajo) en los pies.

4. Ponte las manos en la hendidura de las ingles, una a cada lado, y quédate inmóvil durante diez minutos.

5. Para reequilibrar los chakras, necesitas o bien un Qué Será en cada chakra o poner sucesivamente la misma piedra en cada chakra durante un minuto o dos, empezando por los pies. Si estás usando una piedra, límpiala entre chakras frotándola con una gota de esencia limpiadora de cristales.

DESEQUILIBRIOS DE LOS CHAKRAS Y ENFERMEDADES

Los chakras son los puntos de conexión entre el aura y el cuerpo físico. Cada chakra conecta con ciertos órganos y dolencias. Los chakras situados por debajo de la cintura tienden a ser fundamentalmente físicos, aunque también pueden afectar a las glándulas endocrinas y la personalidad. Los de la parte superior del torso están alineados con el funcionamiento emocional y las dolencias psicosomáticas. Los de la cabeza funcionan sobre una base mental e intuitiva, pero pueden tener repercusiones físicas. Los desequilibrios, bloqueos y alteraciones de los chakras generan enfermedad, pero los chakras pueden volver a equilibrarse usando un cristal curativo.

CHAKRA	ENFERMEDADES
Chakra Tierra Estrella (debajo de los pies)	Las enfermedades son letárgicas: síndrome de fatiga crónica, artritis, cáncer, desórdenes musculares, depresión, alteraciones psiquiátricas, enfermedades autoinmunes
Chakra básico (base de la columna)	Las enfermedades son crónicas, de bajo nivel o surgen repentinamente: rigidez articular, dolor lumbar crónico, dolor renal, retención de fluidos, desórdenes reproductivos o rectales, estreñimiento, diarrea, venas varicosas o hernias, desorden bipolar, alteraciones glandulares, desórdenes de la personalidad y ansiedad, enfermedades autoinmunes
Chakra sacro (debajo del ombligo)	Las enfermedades son tóxicas y psicosomáticas: síndrome premenstrual y calambres musculares, enfermedades reproductivas, impotencia, infertilidad, alergias, adicciones, desórdenes alimenticios, diabetes, disfunción hepática o intestinal, dolor de espalda crónico, infecciones urinarias
Chakra plexo solar (por encima de la cintura)	Las enfermedades son emocionales y exigentes: úlceras de estómago, síndrome de fatiga crónica, desequilibrios de adrenalina por el reflejo de «lucha o huida», insomnio, ansiedad crónica, problemas digestivos, piedras en la vesícula, fallo pancreático, enfermedades de la piel, desórdenes alimenticios, fobias
Chakra bazo (debajo de la axila izquierda)	Las enfermedades surgen del agotamiento energético y emocional: letargo, anemia, bajo nivel de azúcar en sangre
Chakra corazón (sobre el corazón)	Las enfermedades son psicosomáticas y reactivas: ataques al corazón, angina de pecho, infecciones de pecho, asma, hombro congelado, úlceras
Chakra corazón superior (entre el corazón y la garganta)	Las enfermedades siguen al corazón: arterioesclerosis, infecciones virales, tinitus, epilepsia
Chakra garganta (garganta)	Las enfermedades son activas y bloquean la comunicación: dolor de garganta/anginas, inflamación de la tráquea, sinusitis, resfriados constantes e infecciones virales, tinitus, infecciones de oídos, dolores de mandíbula y enfermedades de las encías, problemas dentales, desequilibrios de la tiroides, presión sanguínea alta, trastorno de déficit de atención por hiperactividad, autismo, problemas del habla, enfermedades psicosomáticas
Chakra tercer ojo (entre las cejas y por encima)	Las enfermedades son intuitivas y metafísicas: migrañas, agobio mental, esquizofrenia, cataratas, iritis y otros problemas oculares, epilepsia, autismo, desórdenes neurológicos y espinales, infecciones de senos y de oídos, presión sanguínea alta, «irritaciones» de todo tipo
Chakra coronario (parte alta de la cabeza)	Las enfermedades surgen de la desconexión: síndrome metabólico, sentirse «mal» sin causa conocida, alteraciones del sistema nervioso, sensibilidad electromagnética y medioambiental, depresión, demencia, síndrome de fatiga crónica, insomnio o exceso de somnolencia, alteraciones del «reloj biológico» como el *jet lag*
Chakras de vidas pasadas (detrás de las orejas)	Las enfermedades incluyen las dolencias crónicas, especialmente las deficiencias inmunitarias o endocrinas, las disfunciones genéticas o físicas

Armonía y cooperación

La manifestación óptima es desinteresada y está en armonía con el universo. Los cristales nos enseñan que, a nivel fundamental, todos somos una familia interconectada, y literalmente compartimos la misma esencia. Como dijo John van Rees, el fundador de Exquisite Crystals: «Cuando una persona sufre dolor o carencia, a todos nos duele». Yo añadiría que, debido a esta interconexión, incluso si un cristal se usa mal para hacer daño a otra alma, para «estar por encima» o para generar beneficios para alguien en detrimento de otros, entonces todos (incluyendo el responsable) acaban sufriendo. Pero si aportamos más abundancia, cooperación y paz a nuestras vidas, todo el mundo se beneficia.

Pero ¿por dónde empezar? Bien, como también dijo John van Rees, el lugar para generar paz es dentro de nosotros mismos. Esta es la respuesta tanto para lo personal como para lo colectivo. Si manifestamos armonía pacífica y cooperación dentro de nosotros, estas cualidades irradian externamente hacia la totalidad. No podemos cambiar el mundo sin cambiarnos a nosotros mismos. Tal como creamos nuestra realidad con cada pensamiento y acción, la paz y la alegría tienen que partir de dentro. A este planteamiento se le ha dado el nombre de «mariposa, pero sin sensiblería»: la sensiblería egoísta nos empantana en el pasado, mientras que la serena mariposa vuela libre.

Estamos entrando en la Era de Acuario. Este signo humanitario de hermandad nos pregunta cómo podemos crear nuestro propio futuro. Insiste en que asumamos responsabilidad por nosotros mismos, por nuestro planeta y por todo lo que hay en él. Nos señala que cuando una persona cambia, la totalidad se beneficia. En Acuario —con algún pequeño ajuste, un poco más de conciencia y trabajando conjuntamente— podemos dejar a un lado nuestros egos individuales y reconocernos como una familia de alma con un objetivo: la evolución de la conciencia en todas sus formas. Algunas almas valientes deben avanzar primero, pero, bajo el signo de Acuario, a continuación se dan la vuelta para dar la mano a los demás.

Podemos salir de la sensiblería y manifestar con el corazón abierto, honrando el viaje singular de cada alma. Somos mariposas danzando y trayendo al ser un nuevo universo, puliendo nuestras almas hasta que brillen. Piensa en cómo podrían transformar nuestro mundo un millón de mariposas de cristal batiendo sus alas al unísono.

CUARZO ESPÍRITU
Tu cristal de la armonía y la cooperación

El Cuarzo Espíritu sintetiza los esfuerzos de grupo y aporta armonía productiva. Se forma en torno a un núcleo central de Jaspe o alguna otra piedra terrenal. Pequeños cristales de cuarzo de alta vibración recubren este núcleo, recordándonos que, en el corazón, todos somos uno y dependemos unos de otros. También nos recuerda que el todo es mayor que la suma de las partes constituyentes, y que se consigue más mediante la cooperación que mediante la competición.

ENTENDER ESTE CRISTAL

El Cuarzo Espíritu crece como un grupo, aunque puede aparecer como puntas separadas. Tiene múltiples capas: una parte depende de otra y ninguna parte existe sin el apoyo de la totalidad. Simboliza el alma grupal con la que cada alma individual viaja, extrayendo sustento y unificando el grupo. El Cuarzo Espíritu de alta vibración es portador del amor universal e induce profundos estados de trance en los que podemos realizar cambios profundos en nuestro modo de percibir y crear nuestra realidad. Con este cristal atraviesas las multidimensiones de la conciencia para generar armonía y alegre cooperación en beneficio de todos.

Cada uno de los colores del Cuarzo Espíritu ayuda con un aspecto distinto de la manifestación, y cura las causas subyacentes de la manifestación errónea. El Cuarzo Espíritu «Amatista» abre el chakra coronario superior, alineándote con la infinitud del ser y produciendo la transformación de los anteriores usos equivocados del poder; liberándote de las limitaciones, te anima a manifestar tu potencial espiritual más elevado. El Cuarzo Espíritu «Citrino» te ayuda a sentirte centrado en tu poder y a dirigir tu vida desde tu centro. Esta piedra purifica la intención y resulta útil para acceder a la verdadera abundancia, al tiempo que libera de la dependencia o el apego a las cosas materiales; en los negocios, enfoca los objetivos y planes. El Cuarzo Espíritu «Llama Aura» provee lo que necesita cada alma individual para su evolución espiritual. El Cuarzo Espíritu «Ahumado» limpia y libera las emociones fuertemente arraigadas, así como los estados de enfermedad y los recuerdos traumáticos, incluidos los transmitidos por la línea ancestral para sabotear la manifestación de generaciones posteriores.

EL CUARZO ESPÍRITU Y LA MANIFESTACIÓN

El Cuarzo Espíritu ayuda a sanar la discordia y a superar la conducta obsesiva y las pautas tóxicas profundamente arraigadas. Favoreciendo los sueños intuitivos, facilita todo el trabajo metafísico, especialmente reencuadrando el pasado. Lleva luz al conflicto y crea una eficaz desintoxicación psicológica y emocional que despeja todo residuo del pasado, reactivando la impronta etérica de la vida actual y sanando la memoria celular. Señala las conexiones kármicas importantes y resalta el don de la justicia kármica en situaciones traumáticas, fomentando el perdón.

USAR EL CUARZO ESPÍRITU

Meditar con el Cuarzo Espíritu proporciona comprensiones sobre los problemas que experimenta una comunidad, y puede ser activado para aliviarlos. Ponlo sobre un altar para producir la cooperación grupal y curación para el planeta. Cuando se le coloca en un entramado de curación o de abundancia, limpia las demás piedras y potencia su energía.

Cristales alternativos

CUARZO VELA, DRUSA DE CUARZO AURORA, CONGLOMERADO DE CUARZO

El Cuarzo Vela y la Drusa de Cuarzo Aurora (Anandalita™) producen tranquilidad y ayudan a ver más allá de los confines de las circunstancias de cada día para sanar la línea ancestral. Conectando con el amor divino en el núcleo de tu ser, muestran cuándo es beneficioso compartir en una situación de apoyo mutuo y cuándo valerse por uno mismo. Estos cristales te ayudan a salir, con gracia amorosa, de una relación que ya no te sirve. Cuando se ponen en el centro de un grupo, irradian amor incondicional, generando armonía grupal. El Conglomerado de Cuarzo funciona del mismo modo.

CUARZO VELA

DRUSA DE CUARZO AURORA

CONGLOMERADO DE CUARZO

CALCITA

La calcita es apreciada desde hace mucho tiempo por su pureza y su capacidad de producir armonía en un grupo. Ponerla en una habitación transmuta las energías negativas e invoca la conciencia superior para facilitar la cooperación grupal.

CALCITA

MEDITACIÓN DEL CUARZO ESPÍRITU

¿Cómo manifiesto armonía en mi vida y en mi comunidad?

La armonía en tu vida y en tu comunidad comienzan con la paz en tu propia alma. Si tienes un núcleo interno de serenidad inamovible, entonces los sucesos externos no podrán conmoverte y siempre estarás rodeado de armonía. No tienes que hacer nada para encontrar paz o crear armonía. Paz es lo que tú eres y lo que irradias hacia tu comunidad. Es una elección que haces y que nadie puede arrebatarte. Puedes alcanzar la paz mental dondequiera que estés. Y eso genera aún más serenidad y equilibrio.

1   Sostén el Cuarzo Espíritu en la mano y conecta con su poder, sintiendo que irradia hacia tus chakras de manifestación (véase página 30) y por todo tu ser.

2   Con los ojos suavemente enfocados, contempla con sumo cuidado tu Cuarzo Espíritu. Nota lo ajustadamente que cada cristal encaja con su vecino, y sin embargo ocupa su propio espacio. Observa cómo los cristales se pegan alrededor del núcleo central para crear una totalidad. Siente cómo cada uno de ellos apoya a los demás y sin embargo sigue siendo una parte individual de la totalidad.

3   Ahora cierra los ojos y concéntrate en el pacífico sentimiento del cristal irradiando en dirección ascendente por tus brazos y bajando hacia tus pies. Siéntete conectado con el planeta por debajo de ti. Siente la estabilidad que te da la Tierra: cómo se une con el centro del cristal en una totalidad armoniosa, dando fuerza y estabilidad al núcleo de tu ser.

4   Ahora concéntrate en el pacífico sentimiento del cristal irradiando en dirección ascendente por tus

brazos hacia el corazón. Almacena esta paz en tu corazón. Llévala a tu centro. Crea un depósito de paz y serenidad del que servirse a cada momento del día o de la noche.

5   Deja que la paz irradie en dirección ascendente hacia tu cabeza para estabilizar tu mente. Deja que calme tus pensamientos y que los armonice con tu ser espiritual. Advierte que eres uno con el universo. Descansa en esta paz.

6   Siente la totalidad del cristal en tus manos y cómo resuena con la comunidad que te rodea. Deja que la paz irradie desde el cristal y desde los chakras de manifestación en tus manos, de modo que llene tu entorno inmediato y después se extienda hacia el resto del mundo.

7   Con tu mano izquierda, coloca el cristal en un lugar especial donde pueda seguir irradiando paz hacia el mundo. Al mismo tiempo, tócate la frente con la mano derecha.

8   Desconecta tu atención, pero retén la paz en el núcleo interno de tu cuerpo, mente y espíritu. Repite la meditación al menos una vez al día, aunque solo sea durante un minuto o dos.

Atraer buena suerte

Si irradias generosamente buena fortuna a los que te rodean, compartiendo lo que tienes y sintiéndote agradecido por ello, esto atrae la abundancia de vuelta hacia ti. Atraer buena suerte descansa en el principio: «Como arriba, así abajo; como abajo, así arriba», que también puede traducirse: «Como piensas, así eres». Los cristales que están sintonizados con la prosperidad fomentan la manifestación de la buena suerte. Muchos de estos cristales han sido usados durante miles de años, por lo que la creencia y la intención concentrada les ha imbuido de una poderosa energía de manifestación que refuerza sus poderes en un benéfico ciclo automantenido.

Algunas personas crean su propia suerte, mientras que otras confían pasivamente en el sino o la fortuna externos. Algunas personas se sienten bloqueadas por la conciencia de su pobreza y la creencia de que para ser rico tienes que tener dinero, mientras que otros saben que, con la buena suerte de su lado, siempre hay suficiente. Cuando reconoces que la abundancia es un flujo universal constante con el que te puedes armonizar, entonces puedes crear tu propia buena suerte. La gratitud forma parte de este flujo: sentirte agradecido por lo que tienes y contar tus bendiciones lo incrementa, multiplicándolo por mil. Establece el principio de dar gracias por todo lo que tienes, por pequeña que sea la bendición. Tu vida se enriquece con pequeñas cosas. Te asombrará cuán frecuentemente el universo provee, incluso cuando no has formulado una petición. Cuando le prestas atención, tu buena suerte aumenta exponencialmente. Llegarás a reconocer que posees riquezas que no están conectadas con el dinero. Son tus recursos internos, las amistades y las experiencias que posees, y el valor que les atribuyes, los que hacen que seas verdaderamente rico.

No obstante, puedes poner riendas a las fuerzas de manifestación que circulan por el universo, atrayéndolas para que sustenten y expandan tu proceso de manifestación. Aquí es donde entra en acción una combinación de los triángulos de atracción y tus chakras. Integrando ambos podrás fortalecer tu sistema de energías sutiles (una cápsula de energía biomagnética que funciona en armonía con los cuerpos físico y psíquico para mediar en el flujo energético), magnetizándolo para atraer buena suerte a todos los niveles.

JADE
Tu cristal de la buena suerte

El jade es una piedra de la buena suerte que se usa desde hace mucho tiempo para atraer abundancia de todo tipo. Te ayuda a sentirte agradecido por lo que ya tienes. La antigua tradición neozelandesa dice que, cuando se da y se recibe con amor, el jade participa del espíritu de aquellos que lo llevan puesto y actúa como vínculo entre el dador y el receptor. Transmitido en el seno de la familia, el Jade es portador del espíritu de los antepasados.

ENTENDER ESTE CRISTAL

El Jade es una piedra de buena fortuna que te apoya si te arriesgas a jugar y te ayuda a reconectar con el flujo universal y los dones kármicos desarrollados a lo largo de muchas vidas. Medita con él para encontrar tus verdaderos talentos. Te ayuda a ver el verdadero valor del dinero y a darte cuenta de tu propia valía, para que sepas que todo lo que necesitas está dentro de ti. El Jade es una piedra profundamente espiritual y te anima a reconocer que, como ser espiritual, tienes acceso a unos poderes mucho más amplios y a múltiples dimensiones. Te anima a convertirte en todo lo que puedes ser.

EL JADE Y LA MANIFESTACIÓN

Si tienes problemas con el dinero (bien por carencia, por superabundancia o por adorar a este falso dios), el Jade te ayudará a superarlos. Este cristal sereno te recuerda que nutras tus talentos y maximices tu potencial, echando mano de la sabiduría de los antepasados y de las habilidades transmitidas dentro de la familia. Anima a la autosuficiencia y simboliza la pureza de intención que se necesita para una manifestación clara. También te ayuda a pensar lateralmente y a encontrar soluciones creativas a los problemas. Al mismo tiempo, atrae hacia ti a personas con integridad e intuición. El Jade integra tu personalidad con tus recursos internos, recordándote que «Dios ayuda a los que se ayudan a sí mismos». Te permite dividir las ideas complejas para que sean menos imponentes a la hora de ponerlas en práctica. El Jade es protector y te ayuda a conservar y sacar el máximo partido a lo que tienes, aunque te parezca muy poco.

USAR EL JADE

Los chinos creen que el Jade transfiere sus virtudes al cuerpo y purifica las energías. Cuando se coloca sobre el chakra soma (en el centro de la línea del cabello) o bajo la almohada, fomenta los sueños lúcidos y te ayuda a soñar algo nuevo y a traerlo al ser. Úsalo para entender cómo manifestar mejor lo que deseas y para reconocer lo que podría estar bloqueando tus esfuerzos. También libera las principales creencias negativas. Lleva puesto un Jade o ponlo en el monedero para invitar a la prosperidad a entrar en tu vida.

El Jade Rojo, el más estimulante, te ayuda a convertir la ira en una energía que fortalece la manifestación. Usa el Jade Azul-Verde para progresar en la manifestación de tus objetivos; te ayudará si te sientes abrumado por las circunstancias. El Jade Marrón aterriza tus energías y te ayuda a adaptarte a tu entorno, mientras que el Jade Lavanda te ayuda a establecer límites claros y a contener los excesos emocionales. El meloso Jade Amarillo te enseña que todas las cosas están interconectadas. El Jade Blanco te ayuda a acceder a toda la información relevante cuando evalúas situaciones. El Jade Piedra Verde Maorí es un maestro sanador y un poderoso manifestador.

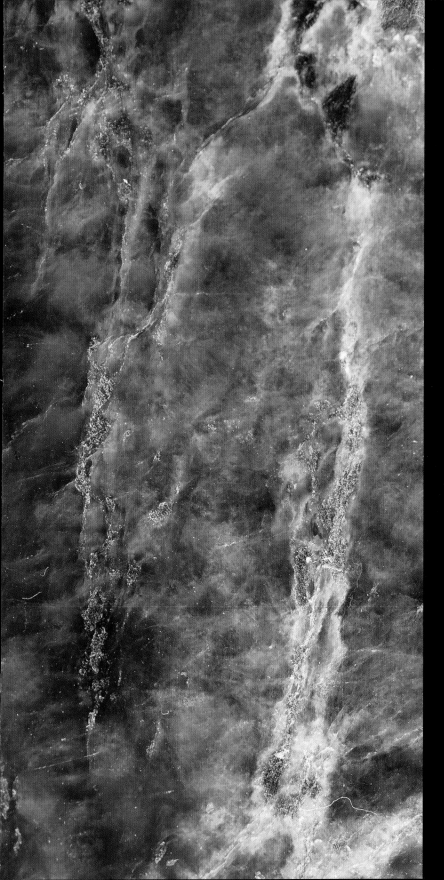

Cristales alternativos

PIEDRA DE ORO, AVENTURINA, CITRINO

La Piedra de Oro creada alquímicamente ha llegado a ser conocida como «piedra de la memoria», y se usa para manifestar todo tipo de buena suerte. La Aventurina, que se parece a la Piedra de Oro, y el Citrino, también disfrutan de una extensa reputación como poderosos manifestadores de abundancia. Atraen la fuerza energetizante del Sol a la Tierra para potenciar la manifestación y atraer prosperidad.

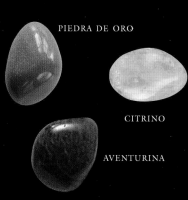

PIEDRA DE ORO

CITRINO

AVENTURINA

OJO DE TIGRE

Usado durante mucho tiempo como talismán contra las maldiciones y la mala suerte, el Ojo de Tigre ayuda a armonizar las fuerzas positivas y negativas del universo, sustentando el cambio necesario. Fortalece tu voluntad, te enseña el uso correcto del poder y te ayuda a clarificar tu intención para que puedas manifestar al nivel más elevado.

OJO DE TIGRE

ENTRAMADO DE JADE
¿Cómo manifiesto buena suerte?

El Jade siempre ha atraído buena suerte, y este entramado combina las poderosas propiedades manifestadoras de los triángulos y los chakras con esta piedra de abundancia. Los triángulos superpuestos crean un entramado multidimensional «como arriba, así abajo» que pone riendas a la energía universal de la buena suerte contenida en el Jade y en el universo para que la abundancia se manifieste sobre la Tierra. Aunque puedes hacer este entramado solo, alguien puede también ayudarte a distribuir los cristales y te permitirá enfocar serenamente tu intención en lo que estás tratando de manifestar. El ayudante puede asimismo unir los triángulos que has creado usando una vara de Jade o Cuarzo.

1. Sostén dos piezas grandes de Jade y once piedras pulidas en las manos, y conecta con su poder, sintiendo que irradian hacia tus chakras de manifestación y por todo tu ser.

2. Declara tu intención con claridad y después túmbate en una postura cómoda.

3. Pon una pieza grande de Jade mirando hacia abajo unos treinta centímetros por debajo de tus pies, y otra también mirando hacia abajo, sobre tu cabeza.

4. Abre los chakras de manifestación (véase página 30). Pon las manos a los lados, con las palmas hacia dentro y a una distancia de unos treinta centímetros del cuerpo.

5. Abre tus chakras básico y sacro imaginando que se despliegan como los pétalos de una flor. Forma mentalmente un triángulo entre tus palmas y el Dantien, situado encima del chakra sacro. Este triángulo abarca los chakras básico y sacro. Pon un Jade pulido en cada punto y, si dispones de un ayudante, pídele que una el triángulo o emplea tu mente para hacerlo.

6. Abre tus chakras del plexo solar, corazón y garganta. Desde lo alto de tu chakra sacro (justo debajo del Dantien), dibuja mentalmente la base de un triángulo y lleva su vértice superior al co-razón (véase diagrama). Pon un Jade pulido en cada punta del triángulo.

7. Imagina otro triángulo que intersecte con el anterior, yendo desde el plexo solar hasta el chakra del entrecejo, que se abre. Pon un Jade pulido en cada punta de este triángulo. Pide a tu ayudante que una los puntos con una vara, o hazlo tú mentalmente. Los triángulos incluyen y vinculan los chakras del plexo solar, el corazón y la garganta.

8. Visualiza cualquier cosa que quieras llevar a la manifestación. Siente la energía en las palmas mientras circula por los triángulos y asciende hasta el tercer ojo.

9. Desde el Jade situado por encima de tu cabeza, crea un triángulo que apunte hacia abajo, que se extienda hacia los lados y baje hasta un punto situado 30 cm por debajo de tus pies, activando el chakra Tierra Estrella sobre el que está situada la gran pieza de Jade. La apertura de este chakra ancla tu intención y manifestación en la Tierra.

10. Nota cómo te sientes cuando tu manifestación se completa.

11. Ahora aleja tu atención, retira las piedras y deja que los triángulos hagan su trabajo.

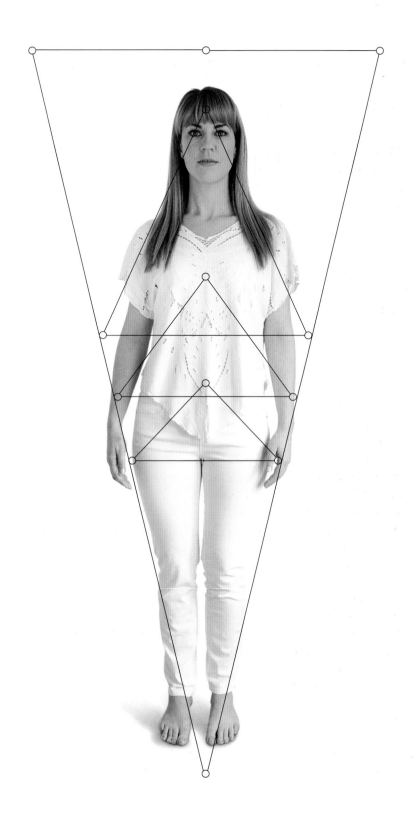

Mantener un alto nivel de energía

Si tus energías física, mental y espiritual no están circulando óptimamente, el proceso de manifestación no puede funcionar. Si tienes poca energía mental, te faltarán ideas o motivación. Si tienes poca energía física, te faltará la capacidad de poner las ideas en práctica y manifestarlas en la realidad de cada día; tus sueños seguirán siendo eso, sueños. Si tienes poca energía espiritual, manifestarás por motivos egoístas y con un espíritu competitivo que es poco probable que te lleve al éxito. Pero si todas estas energías están en equilibrio y tienes una reserva de combustible en el Dantien (el almacén de la energía creativa del cuerpo), manifiestas fácilmente.

La energía física se almacena en el Dantien, pero el exceso de estrés o poner demasiada energía en el proceso de manifestación puede agotarla. Hacer muchos esfuerzos es contraproducente. Es más productivo enfocar tu intención y confiar en el universo. El Dantien es el centro de gravedad del cuerpo, así como el lugar donde se almacena el Qi o fuerza de vida. Es una esfera que gira constantemente, se asienta encima del chakra sacro y actúa como una especie de octava superior de ese chakra, refinando y estimulando la creatividad y fertilizando nuevas ideas. Si quieres sentirte fuerte y dinámico, tienes que llenar este almacén. Por suerte, una simple activación lo consigue, y la adición de un cristal de alta energía lo fortalece mucho.

Para mantener un alto nivel de energía mental, tu mente necesita estar estimulada y activa, pero no hiperactiva. Si estás demasiado ocupado para oír las sugerencias que te ofrece tu guía interna, la manifestación se vuelve fútil. La depresión debe mantenerse bajo control y el ensoñamiento (aunque es creativo) debe mantenerse al nivel apropiado y convertirse en acción. Recuerda que lo que la mente puede concebir también puede conseguirlo, pero necesita espacio para ello, de modo que desconéctala regularmente por medio de la meditación. La energía mental se pierde en pensamientos como «¿Y si yo hubiera..?» o «Si pudiera…», que tienes que borrar si quieres tener éxito en la manifestación.

CORNALINA
Tu cristal energetizador

La Cornalina era uno de los cristales curativos favoritos de los antiguos egipcios, que la usaban para proteger a los niños pequeños y conservar su vitalidad, y sigue siendo un excelente cristal para energetizar cualquier aspecto de tu vida. Pone en marcha el proceso de manifestación, activa tu creatividad y te da la energía física y mental para seguir adelante. También tiene la capacidad de limpiar y re-energetizar otras piedras.

ENTENDER ESTE CRISTAL

La Cornalina aterriza y ancla tu manifestación en la realidad presente. Si eres proclive a soñar mucho y hacer poco, te ayuda a plasmar tu planes en la realidad de cada día. Es una piedra estabilizadora, y excelente para restaurar la vitalidad y la motivación, y para estimular la creatividad. Uno de los grandes dones de la Cornalina es que ofrece una poderosa protección contra la envidia, la furia y el resentimiento. Si los celos de otras personas están bloqueando tu progreso, la Cornalina te libera de ellos. También te ayuda a instaurar el amor y la tranquilidad después de cualquier tipo de abuso, devolviéndote la confianza. Si estás resentido, calma la ira y hace desaparecer la negatividad emocional, reemplazándola por un amor a la vida que te fortalece para que puedas manifestar tus sueños.

LA CORNALINA Y LA MANIFESTACIÓN

La Cornalina está llena de fuerza de vida y vitalidad, que disipan la apatía y te motivan hacia el éxito en los negocios y otros asuntos. A nivel físico, mejora la absorción de las vitaminas y minerales, y te asegura un buen abastecimiento de sangre a los órganos, músculos y tejidos, necesario para que funcionen con eficacia. Da vigor, estimula el metabolismo y te mantiene en forma para manifestar. Al nivel más sutil, activa tus chakras básico y sacro, liberando bloqueos, y eleva la energía kundalini de la creatividad,

incrementando la fertilidad a todos los niveles. Si has estado sintiéndote impotente, esta piedra te devuelve la potencia y hace que las cosas ocurran.

La Cornalina levanta la depresión, especialmente en las personas de edad más avanzada. A nivel psicológico, este cristal imparte conciencia y aceptación del ciclo de la vida. Antiguamente protegía a los difuntos en su viaje. También elimina el temor a la muerte, que puede paralizar la toma de riesgos. Esta piedra te ayuda a confiar en ti mismo y en tus percepciones. Impartiendo un coraje enorme, te ayuda a realizar elecciones de vida positivas. Medita con ella para llegar al fondo de ti y entender lo que te hace vibrar. Con su ayuda puedes superar el condicionamiento negativo y encontrar firmeza de propósito. A nivel mental, la Cornalina te ayuda a manifestar, mejorando tus habilidades analíticas y clarificando tu percepción para que puedas enfocarte más. Agudiza la concentración, disipa el letargo mental y bloquea los pensamientos extraños durante la meditación.

USAR LA CORNALINA

Tradicionalmente la Cornalina se lleva puesta como pendiente, brazalete o hebilla del cinturón. O llévala en el bolsillo para mantener un alto nivel de energía. La Cornalina Roja combate la pereza. Una Cornalina cerca de la puerta principal ofrece protección e invita a que la abundancia entre en tu hogar.

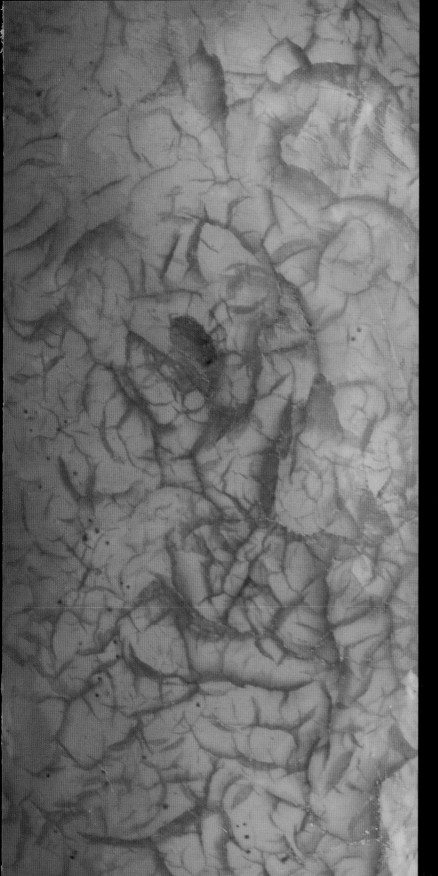

Cristales alternativos

JASPE ROJO, JASPE AMAPOLA

Al Jaspe Rojo se le ha atribuido durante mucho tiempo el poder de energetizar y de hacer que las cosas se muevan; estimula las ganas de vivir. El Jaspe Amapola hace avanzar las cosas rápida o delicadamente, según sea apropiado, y te anima a cooperar en lugar de competir. Ayuda a reconocer el valor de hacer las cosas en el momento justo, y contiene la acción precipitada. Si tu chakra básico está excesivamente activo, el Jaspe Amapola lo calma.

JASPE ROJO

JASPE AMAPOLA

QUÉ SERÁ, ÁGATA FUEGO

Qué Será es una piedra excelente cuando necesitas más energía, porque burbujea positividad. Enderezará cualquier área de tu vida. Por otra parte, el Ágata Fuego es protectora, y también calma y aterriza tu energía en el chakra básico para que las ideas se manifiesten en el mundo físico.

QUÉ SERÁ

ÁGATA FUEGO

ARRANCAR CON LA ENERGÍA DE LA CORNALINA

¿Cómo me pongo en marcha?

Sentirse plenamente vivo y totalmente energetizado es esencial en el proceso de manifestación. Esto es lo que te mantiene en la brecha, ayudándote a ayudarte a ti mismo a cada momento del día. Esta activación es particularmente benéfica a primera hora, especialmente si eres una persona perezosa a la que le cuesta levantarse por la mañana, pues te ayuda a saltar de la cama y a empezar inmediatamente el proceso de manifestación, dándote energía para funcionar. Pero también es un activador útil si tu energía decae en cualquier momento del día. Úsala cuando necesites motivación o energía extra para completar alguna tarea.

1   Ponte de pie, con los pies ligeramente separados, las rodillas un poco dobladas y las plantas planas sobre el suelo. Deja que los brazos cuelguen sueltos, con las manos en forma de copa, una sobre otra, justo debajo del ombligo; prueba hasta descubrir qué mano está más cómoda encima. Sostén suavemente una Cornalina limpia en tus palmas puestas en forma de copa. Conecta con su poder, sintiendo que irradia hacia tus chakras de manifestación y por todo tu ser. Enfoca tu atención en la Cornalina que tienes en las manos hasta que sientas que empieza a calentarse y a brillar.

2   Ahora enfócate en el área de tu vientre situada inmediatamente detrás de tus manos. Esto es el Dantien, el centro energético situado justo detrás del ombligo y encima del chakra sacro. Es un almacén de energía para el cuerpo físico.

3   Con cada inspiración, introduce energía a través del cristal hacia el Dantien. Permite que la energía se acumule allí hasta que el Dantien burbujee y lo sientas completamente energetizado.

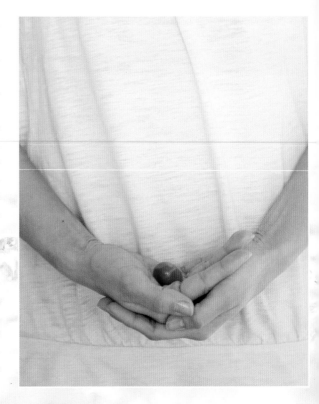

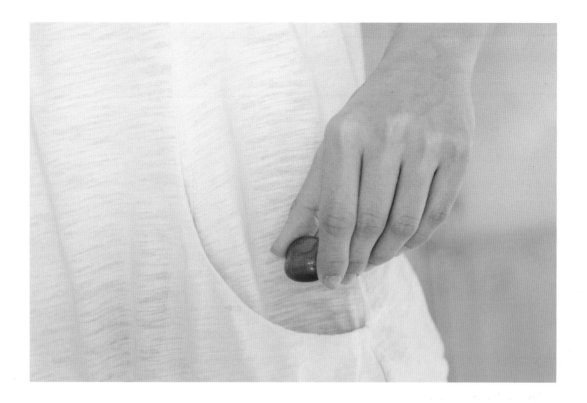

4 Cuando el Dantien esté completamente cargado, inspira y deja que la energía circule por tu cuerpo y hacia tu mente, y después, mientras espiras, extiéndela a todos los niveles de tu ser.

5 Si te sientes como «flotando» o con la cabeza ligera, lleva la atención hacia los pies e imagina que tienes un ancla que te conecta con el centro de la Tierra.

6 Practica esta activación durante cinco minutos, introduciendo energía a través de la Cornalina cuando el Dantien empiece a sentirse agotado, y asegurándote de acabar con el Dantien plenamente energetizado para disponer de abundante energía durante el día.

7 Ponte la Cornalina en el bolsillo y agárrala con la mano cuando necesites un estímulo rápido.

Tomar decisiones

¿Eres un indeciso crónico, que siempre duda entre dos puntos de vista y es incapaz de tomar una decisión, o al que le da mucho miedo entrar en lo desconocido? ¿O te lanzas de cabeza a las decisiones para lamentarlo posteriormente? Ninguna de estas dos posturas te ayuda a manifestar. Las personas que manifiestan eficazmente también son buenas tomadoras de decisiones. Saben lo que quieren, formulan cómo llegar allí y van a por ello. Las decisiones claras y consideradas hacen que el proceso de manifestación fluya con mucha más suavidad, puesto que no hay conflictos subyacentes ni retrasos que se interpongan.

También hay muchos factores que pueden afectar inconscientemente a la toma de decisiones. La experiencia previa, el equipaje emocional, las falsas creencias, la frustración y el temor a lo que otras personas puedan pensar (o el intento de agradarles) pueden sabotear tu proceso de manifestación. Muchas decisiones te sacarán de tu zona de comodidad, de modo que puedes tender inconscientemente a volver al escenario de partida, lo conocido, por más paralizante que eso pueda ser. La preocupación constante o la tendencia a «pensar dentro de la caja» también detienen el proceso de tomar decisiones. Las soluciones creativas surgen cuando sales del marco de lo conocido y entras en territorio desconocido, y por esta razón tu intuición y tu mente subconsciente pueden ser grandes aliados. Estos son los pasos para tomar decisiones productivas:

– Identifica tu principal objetivo o meta, y enfócate en ella. No te vayas por las ramas.
– Reconoce cualquier temor subyacente o conflicto que puedas tener. Sé tolerante pero firme contigo mismo; sé consciente de su efecto y después déjalo a un lado.
– Moviliza tu mente racional, tus capacidades analíticas y de organización, para evaluar los datos y establecer las elecciones y posibilidades con claridad.
– Entrega el proceso a tu intuición para que te dé una respuesta.
– Cuando hayas tomado una decisión, actúa. Evita la indecisión y las tácticas dilatorias. ¡Ve a por ello!

Las investigaciones han mostrado que incluso unos pocos minutos de meditación cada día mejoran mucho el proceso de toma de decisiones, y que incubar sueños es una manera de convertir los problemas en oportunidades, confirmada con el transcurso del tiempo.

ÓPALO AZUL OWYHEE
Tu cristal de la decisión

Con su vibración celestial, el Ópalo Azul Owyhee te conecta con la guía más alta y te ayuda a incubar sueños intuitivos. Esta piedra despierta tus capacidades metafísicas, potenciando tu intuición y facilitando la comunicación bidireccional con el mundo de los espíritus. Te ayuda a ser más valiente en la toma de decisiones, fortalece tu poder personal y tu capacidad de manifestar una nueva realidad.

ENTENDER ESTE CRISTAL

El Ópalo Azul Owyhee es una piedra de realización, y se forma a partir de esferas microscópicas de silicio, que se vinculan con el agua dentro de la piedra para crear un destello luminiscente. Descubierta en 2003 cerca de un manantial sagrado de India, este Ópalo es único. Su color intenso refleja la serenidad del cielo de verano, calmando el alma, suavizando el estrés y produciendo paz mental, independientemente de lo que venga en el futuro. El Ópalo Azul Owyhee establece una poderosa conexión entre tu tercer ojo y tu chakra soma, ayudándote a estar en la encarnación y a viajar por las múltiples dimensiones de la conciencia. Estimula tu visión interna y la capacidad de ver el mundo sutil. Expandiendo la conciencia y potenciando el poder de percepción, con esta piedra puedes notar las indicaciones sutiles y las señales que indican el camino que tienes por delante e iluminan tus decisiones.

Esta piedra ha sido usada tradicionalmente para facilitar el viaje chamánico y para explorar distintos marcos temporales. Te ayuda a comunicar con todos los seres superiores, a aferrarte a la verdad, y facilita la verbalización de tus comprensiones. Usado para invocar el sueño lúcido, el Ópalo Azul Owyhee también puede ayudarte a soñar un nuevo mundo y a plasmarlo en la realidad.

EL ÓPALO AZUL OWYHEE Y LA MANIFESTACIÓN

El Ópalo Azul Owyhee equilibra la mente y las emociones. Te ayuda a ser más confiado y lanzado, disipando la timidez, la ansiedad, y superando el temor al fracaso. Facilita la curación de las heridas del pasado y te ayuda a alcanzar fácilmente los objetivos que te planteas. Esta piedra activa y hace uso de tu poder personal, pero te ayuda a manifestarlo sin mostrarte grandilocuente ni arrogante en el proceso. Es una piedra excelente para el desarrollo personal, la expansión y el progreso. Sintetiza tu capacidad de percepción, de autoexpresión y la voluntad de motivarte en la vida. Eliminando los sentimientos de impotencia, te permite elegir qué acción (o no-acción) es el mejor medio de conseguir tus objetivos.

USAR EL ÓPALO AZUL OWYHEE

Si sufres de indecisión o confusión mental, ponte este Ópalo sobre la frente entre el tercer ojo y el chakra soma, o en la parte posterior del cráneo, para limpiar las expectativas y los patrones mentales negativos. Esta piedra luminosa induce claridad y te ayuda a encontrar exactamente las palabras justas para una situación dada. Úsala para acumular confianza y claridad cuando hables en público o formules tu intención.

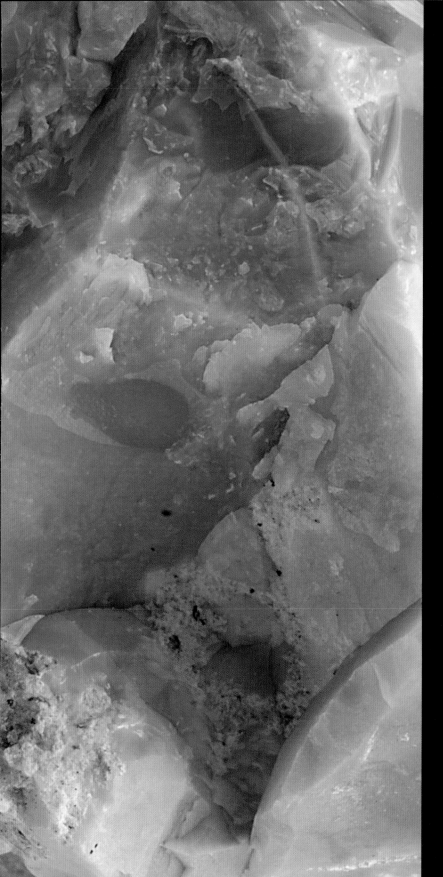

Cristales alternativos

DIÁSPORO (ZULTANITA), PIEDRA DE SUEÑOS™

Si pareces incapaz de vivir tu sueño, el Diásporo te señalará los cambios que necesitas para manifestar esa acción. Esta piedra te da coraje para liberarte de los patrones limitantes y para volver a levantarte incluso después de enormes reveses, lo mismo que la Piedra de Sueños. Si tienes planes que nunca realizas, o aspiraciones que siempre parecen fuera de tu alcance, estas piedras te aportan capacidad de realización. Abren y clarifican tu mente, dándote la inspiración que te permite pensar fuera del marco establecido.

PIEDRA DE SUEÑOS™

DIÁSPORO (ZULTANITA)

ANDALUCITA™, CUARZO SUEÑO

La Andalucita atrae situaciones extrañas u oníricas que te ayudan a entender el significado más profundo de tu vida; en una mente abierta, revela la sabiduría oculta. El Cuarzo Sueño promueve los sueños lúcidos y su recuerdo, y ayuda a soñar un nuevo futuro.

ANDALUCITA™

CUARZO SUEÑO

SOÑAR CON EL ÓPALO AZUL OWYHEE
¿Cómo encuentro una respuesta?

En los antiguos templos, las cámaras de sueños permitían a los fieles incubar un sueño que respondiera a su pregunta más apremiante. Puedes crear un templo de sueños en tu propia casa y usar estas mismas herramientas para manifestar una respuesta. Si tomas conciencia de que estás soñando, puedes influir en el curso del sueño: el sueño lúcido te permite probar diversos escenarios, o te lleva a encontrarte con un consejo de sabios que tienen las respuestas. Los sueños también te dan claves sobre el pasado, y en un sueño lúcido puedes volver atrás en el tiempo para reconectar con habilidades que te ayudarán en tu vida actual.

1   Elige una noche en la que puedas tomarte tiempo a la mañana siguiente para procesar el sueño. Abstente del alcohol, las drogas, la cafeína y la nicotina durante una par de horas antes de ir a dormir. Toma un largo y ocioso baño al que habrás añadido aceite de rosa o de salvia clara (pero no los uses si estás embarazada), que ayudan a dormir.

2   Quema velas relajantes y mira a tu cristal. Sostén la piedra en la mano y conecta con su poder, sintiendo que irradia hacia tus chakras de manifestación y por todo tu ser. Actívalo para que cuando lo pongas debajo de la almohada te ayude a soñar verdadera y sabiamente.

3   Antes de irte a la cama, bébete un chocolate caliente al que habrás añadido canela y nuez moscada. Ponte ropa de noche limpia. Pon una almohada pequeña encima de tus almohadas habituales, de modo que estés durmiendo más alto y sobre el lado derecho. Pon el cristal bajo la almohada o sostenlo en la mano.

<u>4</u> Al irte a dormir, imagina que estás entrando en un antiguo templo de sueños y que te tumbas en una de las camas especialmente preparadas, listo para plantear tu pregunta a los sabios. Contempla el asunto para el que necesitas encontrar guía en tus sueños. Mira las soluciones que ya has probado y las acciones que has emprendido. Pregúntate si estás preparado para manifestar tus deseos. Si es un asunto emocional, ¿estás preparado para soltar? ¿Tienes que cambiar alguna creencia con respecto a ti mismo? Enuncia tu pregunta con claridad. Dite que, cuando despiertes, recordarás la respuesta del sueño. Dirige la vista todo lo posible hacia la izquierda sin girar la cabeza, y después hacia la derecha.

<u>5</u> Deja la pregunta a un lado y duerme. Si tomas conciencia de que estás soñando, pide que se te muestren los resultados posibles para poder explorar por ti mismo la manifestación que sería apropiada, o ve al pasado y adquiere nuevas comprensiones.

<u>6</u> En cuanto despiertes, anota tu sueño.

Estimular tu creatividad

Estar en el flujo creativo significa estar plenamente presente en el ahora y completamente sumergido en el proceso creativo momento a momento, sin mirar hacia atrás ni hacia delante. El temor al fracaso es uno de los principales factores que obstaculizan la creatividad. En lugar de ver los anteriores intentos de manifestación negativamente, percibir tus fracasos como experiencias de aprendizaje te ayuda a refinar tu manera de aproximarte al proceso. Aunque el fracaso puede parecer poco productivo, tampoco lo es no hacer nada, de modo que no te permitas quedarte atrapado en la trampa de la inactividad. Anímate a asumir riesgos, a hacer cosas inesperadas, extrañas y sorprendentes. A menudo las mejores ideas surgen de las ganas de jugar y del humor. No te preocupes por el futuro ni por cómo llevar estas ideas creativas a la manifestación. Simplemente tenlas y cree en que se producirá un resultado creativo.

Para manifestar creativamente, tienes que cambiar tu marco de referencia. Cuestiona tus antiguas suposiciones. Piensa lateralmente y de repente el futuro parecerá más brillante. Cree siempre que todas las cosas tienen solución. Si eres optimista, pronto descubrirás que empiezas a pensar fuera de tu marco de referencia anterior. Trabaja en torno a la solución, por más extraña que pueda parecer a primera vista. También puedes trabajar hacia atrás, partiendo del resultado y yendo hacia la forma de conseguirlo. Redefine el «problema» o el objetivo y reenúncialo. Ponlo del revés o míralo desde un ángulo completamente distinto. A menudo, el simple hecho de plantear el «problema» de otra manera lo convierte en un desafío y abre nuevas posibilidades.

Utilizar una nueva manera de establecer tu objetivo también puede hacer maravillas. El acto de cortar, arreglar y pegar imágenes sobre un tablero, por ejemplo, te saca del cerebro lógico y analítico, dirigiéndote hacia las facultades receptivas e intuitivas, e involucra a tu cuerpo en el proceso. El patrón aparentemente aleatorio que has plasmado podría mostrarte una respuesta sorprendente; deja sitio para que las sincronicidades ocupen su lugar en tu vida. Dar un paso atrás y mirar al tablero de la visión te ayuda a orientarte hacia una perspectiva más objetiva, pero si has incluido lo inesperado, también podría sorprenderte con una solución.

GRANATE
Tu cristal de la creatividad

El innovador Granate estimula esos momentos en los que se enciende la «bombilla» y lo ves todo claro, y te ayuda a pensar fuera de tu marco de referencia. Te motiva a ser más creativo en la vida y a hacer cosas inesperadas, fortaleciendo tus capacidades de manifestar. El Granate es una de las piedras más fértiles, y asume distintas formas y colores, cada uno de los cuales tiene propiedades específicas, además de sus atributos genéricos; pero el rojo y el naranja son los que más estimulan la creatividad.

ENTENDER ESTE CRISTAL

El Granate es una piedra energetizante y regeneradora, especialmente para los chakras básico y sacro, aunque también trabaja sobre el corazón. Revitaliza, purifica y equilibra la energía de estos chakras, aportando serenidad o pasión según sea apropiado. Ayuda a soltar las ideas caducas y es útil para disolver los bloqueos emocionales y agudizar tu percepción innata. Disuelve pautas de conducta arraigadas que ya no te sirven y te ayuda a superar resistencias y sabotajes inconscientes. Este cristal también elimina inhibiciones y tabúes, ayudándote a pensar y hacer lo que antes parecía impensable.

Si tu chakra sacro (situado justo debajo del ombligo) está bloqueado o desequilibrado, entonces es imposible experimentarte como un ser poderoso, sexual y potente. Limpia este chakra y te sentirás confiado, con la autoestima elevada, y tu creatividad fluirá. Colocar el Granate en los chakras básico y sacro te ayuda a superar el temor al fracaso. En estos chakras es donde reside tu instinto de supervivencia, así como tu coraje y fortaleza, y el Granate estimula estas cualidades, convirtiendo la crisis en oportunidad. El chakra sacro también puede tener «ganchos» de otras personas con las que has mantenido relaciones sexuales, que pueden detener el flujo de energía creativa. El Granate te ayuda a disolver estos ganchos y a reenergetizar el chakra para que puedas fortalecerte.

Dinámico y flexible, el Granate Andradita marrón atrae a tus relaciones aquello que más necesitas para tu desarrollo. Disuelve los sentimientos de aislamiento y alienación. El Granate Hessonita naranja-rojo elimina la culpabilidad y el complejo de inferioridad, y te anima a buscar nuevos retos, mientras que el Granate Piropo rojo-sangre otorga carisma y vitalidad.

EL GRANATE Y LA MANIFESTACIÓN

Si te has estado sintiendo impotente, o estás atascado en planes que no se han manifestado, el Granate te ayuda a salir de los sentimientos de «atasco» para emprender una acción poderosa. Es un cristal extremadamente útil en situaciones en las que no parece haber ningún camino de salida, o cuando la vida está fragmentada o se ha vuelto traumática. El Granate ofrece esperanza en situaciones aparentemente desesperadas. También fomenta la ayuda mutua en momentos difíciles.

USAR EL GRANATE

El Granate Grosularia hexagonal verde o rojo es un poderoso imán para la abundancia, y eficaz para crear un entramado en forma de pentágono o Estrella de David. Atrae la prosperidad a tu vida y te da apoyo durante las dificultades, ayudándote a seguir el flujo y a manifestar cooperación y amistad. Tradicionalmente, llevar puesto un Granate con corte cuadrado asegura el éxito en los negocios.

Cristales alternativos

RUBÍ, SANGRE DE ISIS, CORNALINA

Como el Granate, el Rubí es un poderoso energetizante para el chakra básico y, especialmente cuando se le combina con la Cornalina en el chakra sacro, ayuda al ascenso de la fuerza creativa, activando tu poder de manifestación. El raro Sangre de Isis rojo, una Cornalina con calidad de gema que era popular en el Antiguo Egipto, establece una conexión muy fuerte con las energías creativas de la Diosa Madre y te ayuda a recordar las partes de ti mismo con las que has perdido conexión.

RUBÍ

CORNALINA

SANGRE DE ISIS

CUARZO MANDARINA

El vibrante Cuarzo Mandarina está coloreado por el hierro, igual que otros Cuarzos amarillos y naranjas. Todos ellos estimulan las ideas nuevas y maneras diferentes de aproximarse a los viejos problemas. Esta piedra energética te ayuda a salir de las situaciones de estancamiento y a emprender nuevas actividades.

CUARZO MANDARINA

ACTIVAR TU CREATIVIDAD
El panel de la visión

Una vez que tus chakras básico y sacro están limpios y energetizados, elaborar un panel de la visión pone en marcha tu creatividad. Te permite formular muchas ideas salvajes y absurdas sabiendo que activan un flujo creativo. En el panel de la visión pon imágenes de todo lo que deseas, por más fuera de tu alcance que pueda parecer. No dejes que la baja autoestima, los pensamientos de «no me merezco esto» o la falta de confianza te obstaculicen. Sé todo lo extravagante que puedas. La idea es enseñarte a ti mismo y al universo, que tienes la visión de un yo diferente, vibrante y potente. Necesitarás una selección de Granates (uno rojo, otro naranja y cinco Granates Grosularia), una serie de imágenes y de fotografías, cola y un cartón.

1. Sostén las piedras en la mano y conecta con su poder, sintiendo que irradian hacia tus chakras de manifestación y por la totalidad de tu ser.

2. Ponte un Granate rojo limpio y cargado sobre el chakra básico y un Granate naranja sobre el chakra sacro. Túmbate inmóvil durante quince minutos y absorbe su energía para estar completamente fortalecido y para que tus chakras rebosen energía. A continuación retira las piedras y déjalas a un lado.

3. Reúne tantas imágenes como puedas de todo lo que te gustaría tener en tu vida, por más ridículo, extravagante, extraño o digno de risa que te pueda parecer. Sé juguetón y divertido en tus elecciones. Cultiva el optimismo mientras haces esto y suspende los juicios en cuanto a si es práctico o sensato.

4. Pega las imágenes sobre una gran pieza de cartón, superponiéndolas de modo que no haya brechas en la energía. Pon en el panel imágenes de personas confiadas y creativas, así como artículos, lugares, situaciones y dones que tratas de manifestar en tu vida.

5. Cuando el panel esté completo, pon sobre él, con la mano izquierda, cinco Granates Grosularia grandes en forma de pentáculo (véase página 27). Une las líneas trazando la forma con los dedos.

6. Tócate la frente con las piedras que te pusiste sobre los chakras y después ponlas en el centro del panel, con el Granate naranja encima del rojo.

7. Si es posible, pega las piedras en su lugar y cuelga el panel sobre una pared para poder verlo con frecuencia.

Sanar mente, cuerpo y alma

La verdadera curación viene de la plenitud interna —una fusión de cuerpo, mente y alma— y de la congruencia con tu alma y sus intenciones multidimensionales. Congruencia significa que todos los niveles están en un estado de equilibrio armonioso y que fluye el bienestar. D. H. Lawrence dijo: «Estoy enfermo por las heridas del alma, del yo emocional profundo». La enfermedad es sutil y no siempre se manifiesta como una dolencia física. Puede ocurrir a nivel emocional, mental o espiritual, y es transmitida a través de las líneas kármicas o ancestrales. La enfermedad del alma surge de las heridas, actitudes, contratos y patrones que se traen del pasado al presente a través de la «matriz etérica», el entramado de energía sutil que crea el nuevo cuerpo físico. La «enfermedad» también puede ofrecer una oportunidad de desarrollar atributos como la paciencia, la tolerancia y la compasión, o puede dar a alguna otra persona una oportunidad de crecer. El karma no es una cuestión de culpas, sino de equilibrar el pasado para que el alma pueda evolucionar. Curarse no significa necesariamente «ponerse mejor». Si no se recupera la salud, esta puede ser la decisión del alma, o es posible que el alma no haya acabado de evolucionar por medio de esa dolencia. Por otra parte, el alma puede estar intentando «ponerse mejor» por razones equivocadas, o puede estar atrincherada en una «reparación-restitución». Un alma abandona la encarnación cuando ha aprendido todo lo que necesita para poder volver a encarnar y poner esas lecciones en práctica. Pero, mientras el alma está aquí, su estado interno puede ser de bienestar y alegría serena.

Entre las causas kármicas o ancestrales de las enfermedades se incluyen:
– La intranquilidad del alma.
– La intención de desarrollar cualidades específicas.
– La represión del dolor en vidas pasadas que se niega a ser ignorada.
– Permanecer en una situación kármica repetitiva.
– Karma actitudinal: viejas actitudes que se manifiestan como una dolencia física.
– Fanatismo o falta de empatía por otros.
– Karma orgánico: que es portador de aflicción o incapacidad.
– Karma simbólico: enfermedad que imita su causa.
– Karma redentor: ayudar a otra persona.
– Conflicto procedente de diversas personalidades de vidas pasadas.
– Una identidad intensamente negativa de vidas pasadas que se vuelve a manifestar.
– Votos y promesas de vidas pasadas que tienen el alma retenida.

ANFÍBOL
Tu cristal sanador maestro

El alegre Anfíbol es conocido como el «Ángel Fantasma» por las alas internas que despliega y la vibración angélica etérea de la que es portador. Este cristal conecta con los niveles más elevados de la experiencia espiritual, ayudándote a hacerte uno con el cosmos y a unir el cosmos con nuestro mundo. Te lleva a un lugar de energía pulsante y conocimiento. Esta conciencia de la unidad promueve una profunda curación psíquica y del alma.

ENTENDER ESTE CRISTAL

El Anfíbol es una fusión de varios minerales, y por tanto representa la unidad de la totalidad. Dentro de la envoltura de Cuarzo claro energetizante, sus fantasmas e inclusiones (las formas de pirámide, los pequeños cristales o fragmentos minerales y burbujas dentro de la punta de cristal) incorporan Hematite rojo, una piedra profundamente estable que ofrece protección, asienta las energías y disuelve la negatividad; Caolinita blanca, que abre el oído interno para que puedas oír la voz de tus guías espirituales, y Limonita amarillo-melocotón, que protege de los ataques psíquicos o la influencia mental. Los fantasmas simbolizan las numerosas vidas del alma y te llevan a viajar por las múltiples dimensiones de la realidad. Ellos rompen los viejos patrones y te ayudan a reconectar con la antigua sabiduría contenida en la memoria del alma.

El Anfíbol te ayuda a invocar a tu ángel guardián. Su energía delicada y calmante libera de preocupaciones y traumas, y activa una profunda alegría interna. Con esta piedra siempre estás centrado en el momento presente. Es de ayuda para soltar el pasado y disolver las causas psicosomáticas de la enfermedad.

EL ANFÍBOL Y LA MANIFESTACIÓN

Contemplar las profundidades del Anfíbol te lleva a un espacio de profundo amor universal y te facilita actuar desde un lugar de amor. Sus fantasmas e inclusiones te ayudan a manifestarte desde un lugar coherente y congruente dentro de ti que está en armonía con el universo. Este cristal facilita las manifestaciones destinadas al bien de la totalidad, especialmente las que te ayudan a evolucionar espiritualmente y a expandir tu conciencia. La función protectora del Anfíbol y su conexión con las dimensiones más elevadas también hacen de esta piedra una compañera útil para el viaje espiritual y las visualizaciones.

USAR EL ANFÍBOL

Ponerse un Anfíbol en el chakra coronario activa todos los chakras coronarios superiores situados por encima de la cabeza, abriendo una escalera por la que la conciencia puede ascender para conectar con el alma y la guía más elevada. Poner el Anfíbol sobre el tercer ojo facilita la comprensión y la introspección, pues te sintoniza con la sabiduría de la mente universal. Te ayuda a mirar la vida y tu evolución espiritual desde una perspectiva más desapegada. Si necesitas saber por qué tu manifestación no parece estar funcionando, o no está funcionando como la habías visualizado, meditar con esta piedra te revela las causas profundas y la intención del alma. La triangulación de tres Anfíboles genera un espacio creativo o meditativo perfecto. En el lugar de trabajo, este cristal cambia tus energías sutilmente hacia el nivel más elevado posible, y facilita la cooperación y la armonía. Mantén el Anfíbol en tu bolsillo para que se produzca una curación continua.

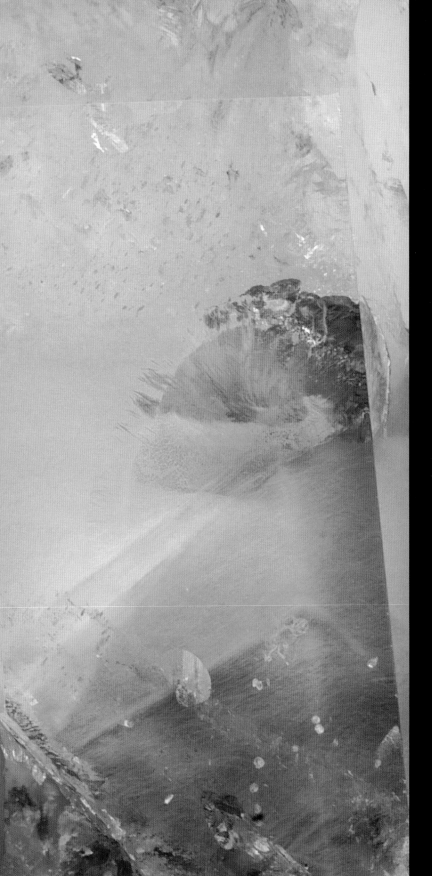

Cristales alternativos

QUANTUM QUATTRO

El Quantum Quattro combina la Shattuckita, la Dioptasa, la Malaquita y la Crisocola con el Cuarzo Ahumado, y sirve para curar la pena, aliviar el dolor de cabeza, expulsar las emociones tóxicas y sus causas psicosomáticas, romper los vínculos no deseados y los patrones caducos, y te enseña a asumir responsabilidad por tus acciones, pensamientos y sentimientos. Te ayuda a reconocer tus recursos y a orientarte en una dirección. Tiene un efecto dramático sobre el campo energético humano. Aterrizando las energías espirituales, trae un mundo mejor. Úsalo para visualizar cambios positivos que desbanquen las expectativas negativas.

QUANTUM QUATTRO

CUARZO SANADOR DORADO

El Cuarzo Sanador Dorado concentra la fuerza de vida universal y potencia la curación a todos los niveles. Es un catalizador de la expansión de conciencia; sintoniza la voluntad personal con lo divino para que el alma, más que el ego, se convierta en la luz que guía. Esta piedra facilita la manifestación de cambios profundos con el mínimo esfuerzo.

CUARZO SANADOR DORADO

VISUALIZACIÓN CON ANFÍBOL

¿Cómo me curo multidimensionalmente?

Esta visualización con el Anfíbol es una manera potente de liberar todos los problemas que están detrás de la enfermedad (física o psíquica), especialmente las capas psicosomáticas y kármicas. Facilita el acceso a la curación multidimensional del alma para poder manifestar desde una perspectiva plena, sana y de alta vibración. Este es un trabajo verdaderamente holístico con el cuerpo, las emociones, la mente y el alma para purificarlos y llevarlos al alineamiento. Invoca a los ayudantes angélicos para que te ayuden a manifestar y para asegurarse de que te sientas totalmente seguro y apoyado dentro de tu mundo. Antes de emprender este proceso de curación, apaga el teléfono móvil y asegúrate de que nadie te moleste durante diez o quince minutos.

1 Sostén la piedra en la mano y conecta con su poder, sintiendo que irradia hacia tus chakras de manifestación y por la totalidad de tu ser. A continuación pon la punta de Anfíbol en un espacio sagrado, limpio y dedicado (lo ideal es un altar).

2 Siéntate con el Anfíbol delante de ti al nivel de los ojos, si es posible, o ligeramente por debajo. Respira delicadamente y con soltura, estableciendo un ritmo cómodo. Con los ojos medio cerrados, mira un punto situado entre las cejas y ligeramente por encima de ellas, y a continuación mira al cristal hasta que lo veas todo desenfocado.

3 Imagina una fuente de luz que empuja desde la base del cristal y fluye externamente produciendo un precioso arcoíris de color. Sumérgete en esta luz curativa. Siente que impregna cada nivel de tu ser, liberando tensiones y bloqueos, y llevándote al equilibrio y la armonía. Descansa en esa paz todo el tiempo que desees, sintiendo que penetra cada célula de tu cuerpo.

4 Cuando estés preparado, respira profundamente, abre los ojos y retira tu atención del cristal. Ponte de pie y siente el contacto de tus pies con el suelo.

5 Llevar un Anfíbol en el bolsillo implica estar continuamente bañado en esta energía curativa.

Encontrar amor

Si quieres encontrar amor, debes convertirte en un imán que irradie amor hacia el mundo y has de estar dispuesto a recibirlo de vuelta. De modo que piensa con cuidado. ¿Es tu amor desequilibrado? ¿Das siempre más de lo que recibes o estás tratando de forzar que el amor venga a ti? Manifestar amor no implica intentar hacer que alguna otra persona te ame. Manifiestas amor porque eres amoroso, no porque estés pidiéndolo. Si manifiestas «lo de siempre», es posible que tengas que pensar en cambiar de patrón. El amor incondicional es la base más constructiva para todas las relaciones. Pero tienes que extender el amor incondicional a ti mismo del mismo modo que lo extiendes a los demás. Si no te amas a ti mismo, ¿cómo va a poder amarte otra persona? El amor incondicional establece límites, pero para ti, no para la otra persona. No se enreda en los dramas de los demás y tampoco fuerza a la otra persona a cambiar porque veas lo maravillosa que podría ser: eso es manipulación. El amor incondicional ofrece aceptación amorosa mientras otra persona resuelve su propia vida. Significa decir: «Te quiero, y al mismo tiempo cuido de mí mismo manteniéndome en un buen espacio interno». Ciertamente es contrario a permitir el abuso, la victimización o la dominación. Hay veces en las que lo más amoroso que puedes hacer por alguien, y por ti mismo, es irte.

Un cristal impregnado de estima positiva y amor incondicional nunca te juzga ni te denigra. Con su ayuda puedes disfrutar de abundante amor. Los cristales te animan a amar plenamente. Facilitan el perdón, que es esencial para que puedas ser verdaderamente libre de amar. Perdonar y aceptar el perdón son signos de madurez emocional. Puede que tengas que perdonar a personas de tu pasado o de tu presente, o aceptar el perdón de otros, para limpiar tu manifestación de sus viejos patrones. Pronunciar la afirmación que sigue cada vez que te sientes enfadado o cuestionado es una manera estupenda de mantenerte emocionalmente sano y plenamente amoroso, y de manifestar una relación amorosa hacia ti mismo:

> *Perdono a cualquiera que me haya hecho daño en cualquier marco temporal, y acepto perdón de cualquiera a quien yo haya hecho daño. Me amo, acepto y perdono profundamente.*

CUARZO ROSA
Tu cristal del amor

Nada manifiesta el amor mejor que una hermosa pieza de Cuarzo Rosa. Las energías empáticas del Cuarzo Rosa te ayudan a amar incondicionalmente y a perdonarte a ti mismo y a otras personas. Esta piedra de aceptación te enseña la esencia del verdadero amor e infunde una paz infinita en tu corazón. Libera las heridas emocionales, sana y abre el corazón a todos los niveles.

ENTENDER ESTE CRISTAL

El Cuarzo Rosa es el mejor sanador del corazón. Te permite soltar las emociones inexpresadas y el dolor de corazón, y transmuta el condicionamiento emocional que ya no te sirve. También alivia el dolor interiorizado y sana la privación para que puedas manifestar otra forma de amar. Si nunca has recibido amor, el Cuarzo Rosa llena tu corazón. Si has amado y perdido, te reconforta en tu dolor. El Cuarzo Rosa te enseña a amarte a ti mismo, y su ayuda es vital si crees que no mereces ser amado. Esta piedra favorece el autoperdón y la aceptación que subyacen a la autoestima positiva.

El rosa está asociado con Venus, el planeta del amor y del deseo. La amorosa Venus rige la pasión y el erotismo, el amor y el afecto, y el Cuarzo Rosa es tierno y apasionado, erótico y nutricio. Esta piedra es uno de los sanadores emocionales más profundos a todos los niveles, incluyendo el kármico. Fortaleciendo tu empatía y sensibilidad, el Cuarzo Rosa va extrayendo delicadamente las heridas emocionales y las reemplaza por vibraciones amorosas. Calma y da seguridad, ayudándote a manifestar el cambio necesario.

EL CUARZO ROSA Y LA MANIFESTACIÓN

Con sus poderosas propiedades curativas, esta piedra es excelente durante el trauma o los dramas emocionales. Te presta apoyo durante la crisis de los cuarenta u otras crisis que te planteen dificultades y produzcan cambios en tu vida, abriéndote a manifestar nuevas posibilidades. Si no te sientes querido, sostén un Cuarzo Rosa y recuerda un tiempo en el que te hayas sentido totalmente positivo, potente y amoroso. Trae ese sentimiento al presente para potenciar tu manifestación.

El Cuarzo Rosa es muy valioso si estás tratando de manifestar algo para llenar una carencia. Te anima a ser emocionalmente honesto contigo mismo, enseñándote que no se puede llenar agujeros negros internos por medios externos. La infusión de amor universal incondicional que emana de esta piedra te ayuda a tocar lo divino dentro de ti y a llenarte desde una fuente que nunca se seca. Con su ayuda, inspiras amor y lo espiras al mundo, sabiendo que siempre hay más. Esto te convierte en un imán de amor.

USAR EL CUARZO ROSA

Sostener un Cuarzo Rosa ayuda cuando recitas afirmaciones positivas. Esta piedra también te recuerda tu intención. Cuando se pone sobre el chakra corazón, el Cuarzo Rosa cura las heridas emocionales e infunde en él potentes energías amorosas. Cuando lo pones en la cama o en la esquina de las relaciones de tu hogar (la esquina más lejana hacia la derecha desde la puerta de entrada), atrae amor hacia ti. En las relaciones existentes restaura la confianza y la armonía, y anima a compartir el amor incondicional.

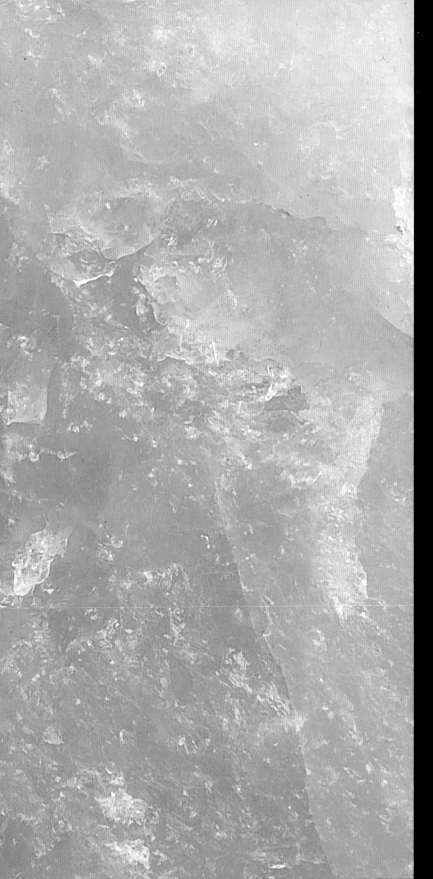

Cristales alternativos

RODOCROSITA, TUGTUPITA, CALCITA MANGANO

Poderosos sanadores del corazón, la Rodocrosita, la Tugtupita y la Calcita Mangano contienen octavas más elevadas de amor que disuelven viejas heridas emocionales. Estas preciosas piedras irradian amor incondicional y aceptación, y te ayudan a encontrar un equilibrio para que des y recibas en la misma medida.

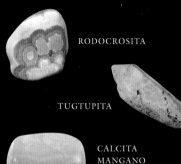

RODOCROSITA

TUGTUPITA

CALCITA MANGANO

AVENTURINA VERDE

La Aventurina Verde es una piedra útil si estás en tus años de madurez y buscas una expresión de amor más serena, un amor firme que te llevará a la tercera edad en buena compañía y sonriendo a lo largo del camino. Esta piedra es valorada por su resistencia y su capacidad de llevar abundancia y buena suerte a los últimos años de tu vida.

AVENTURINA VERDE

RITUAL PARA ATRAER AMOR
¿Cómo puedo atraer el amor hacia mí?

Los rituales para atraer amor son muy potentes. Tanto si estás buscando una relación romántica como si quieres profundizar en una relación existente o encender una nueva pasión, o si necesitas sanar una vieja herida que está bloqueando la llegada de un nuevo amor, los cristales tienen el poder necesario. Cuando pones riendas al poder de los cristales mediante rituales, atraes más amor a todas las áreas de tu vida y puedes transformar cualquier cosa que haya podido interponerse en tu camino. Las viejas parejas son barridas a un lado y se abren nuevas posibilidades. Para trabajar este ritual, lo tradicional es bañarse y ponerse ropa limpia: rosa o roja, dependiendo de si buscas una relación más romántica o más pasional, al rojo vivo. El momento de máxima potencia para los rituales es la luna nueva. Necesitarás cinco Cuarzos Rosas, un poco de aceite de rosa, cuatro velas rosas y una tela o pañuelo de seda.

1 Purifica los cinco cristales de Cuarzo Rosa y dedícalos a manifestar más amor en tu vida. Sostén estas piedras en la mano izquierda y conecta con su poder, sintiendo que irradia hacia tus chakras de manifestación y por todo tu ser. Si ya tienes una pareja, pide que se manifieste más amor entre vosotros, y que la relación llegue al máximo de su potencial. Para añadir más poder a este ritual, úngete con aceite de rosa. Las velas rosas prepararán el escenario y una música de fondo adecuada favorecerá la manifestación. Mientras realizas el ritual de atraer amor, haz los movimientos consciente y lentamente, moviéndote con intención voluptuosa.

2 Coloca cuatro velas sobre una mesa cubierta con la tela de seda. Posiciona una vela hacia el norte y enciéndela, dando la bienvenida al amor desde esa dirección. Pon otra hacia sur, el este y el oeste respectivamente, de nuevo dando la bienvenida al amor desde cada dirección. Pide que la luz de estas velas atraiga la máxima manifestación de amor.

3 Sostén los cristales en tus manos y ponte frente a la mesa (si los cristales son de gran tamaño, sostenlos uno por uno). Cierra los ojos y sintoniza silenciosamente con ellos. Deja que su energía fluya a través de tus manos, ascienda por tus brazos y llegue a tu corazón. Cuando la energía llegue a tu corazón, siente que se abre y se expande. Toca tu corazón con los cristales. El Cuarzo Rosa es un poderoso limpiador y sanador del corazón, de modo que permite que tu corazón se purifique con las energías del cristal.

4 Di en voz alta: «Soy un imán para el amor. Doy la bienvenida al amor en mi corazón y en mi vida». Coloca cuatro de los cristales por la mesa y toma el último de ellos. Si quieres manifestar un amante, di en voz alta: «Invoco a mi llama gemela [pareja del alma] a estar presente y a manifestarse plena y amorosamente en mi vida» (o: «Invoco al amor entre mi pareja y yo para

que se manifieste es su más alto potencial, plena e incondicionalmente amoroso, dándonos apoyo a ambos»). Siéntate en silencio durante unos momentos con los ojos enfocados en los cristales. Siente intensamente cómo es tu vida cuando tienes el amor incondicional y el apoyo mutuo de tu llama gemela a tu lado (o cuando tú y tu pareja manifestáis todo el amor que es posible entre vosotros). Envía esa imagen hacia el futuro, desplegándola ante ti para manifestar ese camino. Coloca el cristal en el centro de las velas.

5 Cuando estés preparado para concluir el ritual, ponte de pie y apaga sucesivamente cada vela diciendo: «Envío luz y amor hacia el mundo y retorna a mí multiplicada por diez». Deja los cristales sobre la mesa o bien ponlos alrededor de tu cama.

Atraer a un mentor

Los mentores pueden presentarse con múltiples apariencias, y hay diferencias entre un mentor y un gurú. El mentor es un consejero en quien confías y que tiene experiencia en el área en la que deseas manifestar éxito, sea material o espiritual. Los mentores te guían y dirigen, ayudándote a tomar el control de tu vida y a desarrollar tu propio sentido de la capacidad y de las responsabilidad. Te animan a aprovechar las oportunidades y a ir a por ellas. Los mentores te fortalecen y les encanta que alcances tu pleno potencial. Pueden ser figuras internas o externas, y pueden preocuparse de tu bienestar espiritual o de tu prosperidad económica.

El gurú es un profesor influyente que te dice lo que tienes que hacer, y a cambio tú le ofreces una obediencia absoluta. Los gurús tienden a controlar tu vida y a quitarte tu poder, más que a dártelo. Ellos te dicen cómo son las cosas y lo que debes hacer para conseguir el éxito, en lugar de guiarte. Tienen su propia manera de hacer las cosas, a la que tienes que adherirte si quieres conseguir los objetivos que ellos te proponen. Si te desvías, serás evitado y desvinculado del grupo, lo que hará que te sientas aislado. Si estás bajo el control mental de un gurú, es posible que te tengas que liberar de ello (el Ágata con bandas puesta sobre el tercer ojo es de mucha ayuda en este caso) antes de encontrar a tu verdadero mentor.

Los mentores pueden estar contigo toda la vida o pueden acompañarte para realizar tareas específicas. Puedes pedir que se manifieste un mentor para ayudarte en muchos campos. Hay mentores (internos o externos) que tienen mucho ojo para los negocios y otros que ofrecen soluciones innovadoras o te ayudan a desarrollar las habilidades necesarias. Hay mentores que transmiten sabiduría espiritual y otros que te ayudan a vivir una vida más plena y equilibrada, sin ningún signo externo de riqueza, aunque con su ayuda reconocerás tu riqueza interna. Un mentor de manifestación te ayuda en todos tus procesos de manifestación. Una simple visualización puede conectarte con el mentor adecuado para tu propósito, mientras que un cristal de manifestación te ayudará a mantener un contacto sólido.

PIEDRA DE LUNA NEGRA
Tu cristal mentor

La Piedra de Luna Negra, un tipo de Labradorita, es excelente para todos los trabajos metafísicos, porque protege y abre tu campo energético a las vibraciones superiores, e incrementa tu intuición. Si necesitas un mentor espiritual o un guía de prosperidad, sostén una Piedra de Luna Negra y pídele que se presente en tu camino un mentor adecuado procedente de las dimensiones superiores, o que se manifieste uno en la vida cotidiana.

ENTENDER ESTE CRISTAL

La Labradorita —el núcleo subyacente de la Piedra de Luna Negra— es portadora en su corazón de la antigua sabiduría espiritual. Transmuta cualquier energía negativa que llegue a ella, ofreciendo una pantalla protectora para tus energías personales que solo permite que pase lo que es para tu mayor bien. Está poderosamente sintonizada con el mundo espiritual e invoca la guía de los reinos más elevados. Pero esta piedra también te ayuda a sintonizar con tu guía interna, activando la antigua energía de la mujer sabia y sacando al primer plano el hombre ingenioso que conoce los secretos de la manifestación. Atrae a un mentor hacia ti.

Ayuda a los que son emocionalmente hipersensibles o están muy abiertos a las influencias psíquicas, y filtra la información energética que tomas de otras personas para que puedas percibir lo que es útil e ignorar el resto. Pero también tiene un profundo efecto espiritual, ayudándote a elevar tu frecuencia vibratoria para que atraigas seres que puedan ayudarte a nivel material y espiritual, y para que te eleves por encima de cualquier cosa que pueda sabotear tu manifestación. Con su poderoso efecto sobre los neurotransmisores, se dice que esta piedra mejora el equilibrio y la memoria. La Piedra de Luna ha sido usada tradicionalmente para armonizar el ciclo hormonal femenino y para ayudar durante la menopausia. Por lo tanto, potencia el bienestar a todos los niveles.

LA PIEDRA DE LUNA NEGRA Y LA MANIFESTACIÓN

La Piedra de Luna Negra es particularmente útil para incrementar tu vigor, a fin de que no te rindas antes de alcanzar tu objetivo. Esta piedra te empuja suavemente hacia tu meta, animándote a lo largo del camino. Ayuda a los niños y adultos tendentes a tener accidentes, dispráxicos o hiperactivos a estar más centrados, a tener mejor coordinación y más concentración para poder moverse con más ligereza por la vida. También ayuda a los adultos que tienen dificultades motoras o carentes de concentración a enfocar mejor su atención y a funcionar al máximo de su capacidad en el mundo cotidiano.

USAR LA PIEDRA DE LUNA NEGRA

Esta piedra ayuda a concentrarse, de modo que úsala para el estudio prolongado o para potenciar la creatividad. Pon la Piedra de Luna Negra alrededor de tu casa para atraer abundancia y crear un atmósfera calmada y serena, o para pedir a un mentor que te ayude a alcanzar tus objetivos. Sus energías calmantes estabilizan las relaciones difíciles y ayudan a superar la angustia adolescente, manifestando paz y armonía en el hogar. Lleva la Piedra de Luna Negra contigo cuando tengas que invocar tu guía interna para navegar en medio de circunstancias difíciles.

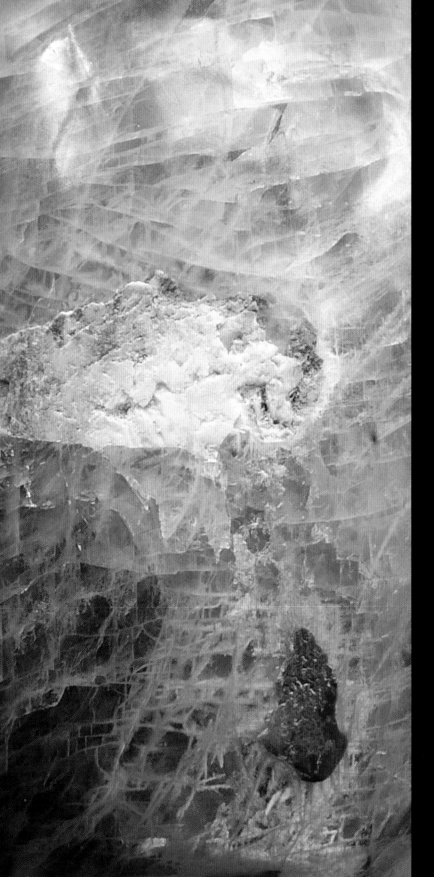

Cristales alternativos

FORMACIÓN MENTOR, JASPE KAMBABA

Una Formación Mentor es un cristal de gran tamaño con cristales más pequeños a su alrededor. Medita con una de ellas para recibir guía interna, o con el Jaspe Kambaba para oír la sabiduría que la naturaleza ofrece y encontrar un mentor sabio para tu camino espiritual. Este Jaspe resuena con el tallo cerebral y los procesos del sistema nervioso autónomo, y cuando se le coloca en la base del cráneo elimina bloqueos arraigados y anima a asimilar nuevos patrones.

FORMACIÓN MENTOR

JASPE KAMBABA

AMANECER SONORA, ÁGATA CON BANDAS

Amanecer Sonora, una combinación de Cuprita y Crisocola, también atrae a un mentor positivo. Permite superar las dificultades con figuras de autoridad y falsos gurús, liberando del control mental. Alinea tu voluntad personal con la de tu yo superior y te ayuda a responsabilizarte de tu vida. Ponte el Ágata con bandas sobre el tercer ojo para liberarte de la influencia de anteriores gurús.

AMANECER SONORA

ÁGATA CON BANDAS

VISUALIZACIÓN DE LA PIEDRA DE LUNA NEGRA
¿Cómo encontrar a un mentor?

Esta visualización de la Piedra de Luna Negra te lleva a conocer a un mentor, alguien que guiará tus pasos hacia los canales que sean más productivos y adecuados para ti. Tu mentor puede ser una figura interna o puedes manifestar una persona en tu vida externa (o ambas cosas). Haz una visualización tan abierta como sea posible para manifestar esta figura según sea apropiado, pero asegúrate de no manifestar una figura de autoridad como un gurú. La capacidad de la Piedra de Luna Negra para agudizar tu concentración mental y potenciar tu intuición te ayudará a recibir señales de tu mentor y a reconocer las oportunidades cuando se presenten.

1 Sostén en las manos la Piedra de Luna Negra limpia y dedicada, y conecta con su poder, sintiendo que irradia hacia tus chakras de manifestación y por la totalidad de tu ser. Relájate, cierra los ojos, mira al espacio situado entre las cejas y un poco por encima, e imagínate caminando por tu lugar favorito. Estableciendo un ritmo tranquilo, respira con suavidad, asimilando todos los olores y sensaciones característicos de ese lugar especial. Si eres kinestésico o sensible a las auras, más que visual, es posible que tu mentor se dé a conocer mediante un toque, el olor, palabras o un conocimiento intuitivo, de modo que abre tus sentidos a recibir estas impresiones.

2 Pide a tu mentor que venga a ti. Estate a la expectativa, pero sin ser insistente. Ten paciencia. Tómate tiempo para caminar, disfrutando de este precioso espacio y del sentimiento de alegre anticipación que este encuentro evoca. Empápate en las energías del cristal.

3 Mientras caminas, tal vez tomes conciencia de que alguien camina hacia ti. Al principio puede parecer una figura nebulosa, pero se hará más clara a medida que se acerque. Este es tu mentor interno. Tómate todo el tiempo que necesites para familiarizarte con él y, si fuera necesario, pídele la ayuda que precises. Si tienes que encontrarte con tu mentor en el mundo externo, simplemente disfruta relajándote en este espacio pacífico mientras pides que tu mentor externo aparezca pronto. También podrías tener un vislumbre de quién es ese mentor.

4 Cuando llegue el momento de irte, da las gracias a tu mentor por estar allí y acuerda una señal de llamada en caso de que necesites ponerte en contacto con él. Tu menor te dará una señal de reconocimiento para futuras ocasiones, pero también puedes pedirle que esté allí cuando recurras a tu Piedra de Luna Negra.

5 Ponte la Piedra de Luna Negra en el bolsillo o en el bolso para tenerla siempre contigo. También puedes ponértela debajo de la almohada por la noche para fomentar sueños que te ayuden, o puedes activarla para atraer a tu mentor externo.

Conectar con tus ángeles

Los ángeles han actuado como intermediarios entre la Tierra y el mundo divino durante eones. Según la tradición esotérica, fueron creados por Dios al comienzo de nuestro mundo y siempre han observado la ley cósmica. Aunque a veces se consideran un fenómeno Nueva Era o un concepto estrictamente religioso, estos mensajeros alados siempre han estado activos en los asuntos humanos, aunque bajo distintas apariencias. El Arcángel Gabriel (Jibril en el Islam) dictó el Corán a Mahoma y es el mismo mensajero que llevó la noticia del próximo nacimiento de Jesús a su madre, María. Los «Hombres de Blanco» aparecen en el Antiguo Testamento, en los libros Apócrifos y en las escrituras orientales; pero, mucho antes, estos seres llenos de luz ya fueron descritos y retratados en los templos antiguos y en las paredes de las cuevas. La presencia angélica a menudo viene señalada por un perfume maravilloso, o por el batir de alas, y una inmensa paz y quietud que llenan el espacio. Pero se sabe que los ángeles también toman formas humanas para ayudarnos, sin pensar en reconocimientos ni recompensas.

Actualmente la gente conecta con sus ángeles no solo para pedirles guía y como manifestación tangible del amor divino, sino también por el deseo de que la totalidad de nuestro planeta eleve sus vibraciones a fin de poder encarnar una conciencia expandida. Desde hace tiempo se sabe que los ángeles se les aparecen espontáneamente a las personas en momentos de grandes traumas o necesidad, pero actualmente se les invoca conscientemente, y mucha gente de la Nueva Era cree que pronto volverán a caminar por la Tierra al lado de los humanos. Los ángeles están particularmente dispuestos a la comunicación sin palabras o *kything*. Esta antigua palabra describe una comunicación en dos sentidos con el mundo de los espíritus, que es distinta de la canalización. El *kything* es una conversación; tu mente no se deja a un lado, sino que está plenamente involucrada en el proceso. Los seres angélicos sugieren y ofrecen guía. Puedes cuestionarlos o contradecirlos, y con infinita paciencia abordan esa cuestión y perfeccionan la orientación hasta que queda absolutamente claro para ambas partes cuál es el mejor camino a seguir.

Cualesquiera que sean tus creencias personales, invitar a los ángeles a tu vida te aportará salud, felicidad, guía sabia y prosperidad, pues ellos potencian tus poderes de manifestación y tu vida espiritual.

CALCITA ALA DE ÁNGEL
Tu cristal de la conexión angélica

La delicada Calcita Ala de Ángel tiene vibraciones etéreas de la cualidad más refinada, que la convierten en el perfecto receptáculo para las energías angélicas. Este precioso cristal abre los chakras Estrella del Alma y Pasadizo Estelar, situados encima de la cabeza, para que puedas recibir la luz espiritual y la guía de los niveles más elevados. Abre todos tus sentidos metafísicos para percibir el reino angélico con gran claridad y poder comunicar libremente.

ENTENDER ESTE CRISTAL

Todas las Calcitas tienen una pureza de esencia y propiedades de limpieza espiritual que las hacen perfectas para el trabajo angélico, pero la Calcita Ala de Ángel encarna especialmente los poderes de la conexión angélica. Sus capas contienen dentro de sí la ligereza de las alas de los ángeles, a las que se parece. Atrayendo literalmente la vibración angélica a la Tierra, la Calcita Ala de Ángel es la piedra perfecta para la comunicación angélica y arcangélica.

La Calcita Ala de Ángel también te ayuda a alcanzar las vibraciones más elevadas para ti mismo y a explorar las multidimensiones de conciencia. Con esta piedra te haces mucho más consciente de todo lo que eres, a todos los niveles de tu ser, y pones riendas a tus poderes de manifestación más potentes.

Este cristal te ayuda a sentirte cómodo en la encarnación. Integra la conciencia expandida y el cuerpo de luz con el cuerpo físico, y asienta las energías de dimensiones superiores en el plano físico y en la Tierra. A nivel curativo, la Calcita Ala de Ángel funciona principalmente más allá del físico armonizando lo etérico, pero existen evidencias que sugieren que ayuda con las enfermedades psicosomáticas y las causas subyacentes de la diabetes y las dolencias degenerativas. Con sus delicados hilos estimula nuevas rutas para los neurotransmisores y armoniza los hemisferios cerebrales para que puedas usar la mente más eficazmente, integrando la conciencia expandida y la conciencia superior en la ligereza de tu ser.

LA CALCITA ALA DE ÁNGEL Y LA MANIFESTACIÓN

A medida que las altas vibraciones de la Calcita Ala de Ángel estimulan la apertura de los chakras Estrella del Alma, Pasadizo Estelar y otros situados por encima de la coronilla, esta piedra aporta luz espiritual para que te ayude en el proceso de manifestación. Abre todas las capacidades psíquicas, especialmente el *kything*, y permite viajar por las multidimensiones. Mediante el *kything* refinas tu intención, valoras tu propia aportación y adquieres una profunda comprensión de las causas subyacentes de la manifestación errónea, y lo mismo les ocurre a tus ayudantes.

USAR LA CALCITA ALA DE ÁNGEL

Como la Calcita Ala de Ángel es delicada, es mejor usar las piezas de gran tamaño en el centro de un altar angélico para enfocar tu intención. También puedes adquirir piezas pequeñas y sostenerlas mientras meditas para conectar con tus ángeles, pero evita ponértelas en los bolsillos, porque se desharán. Para limpiar esta piedra, déjala en arroz integral durante unas horas y después ponla bajo la luz de la luna.

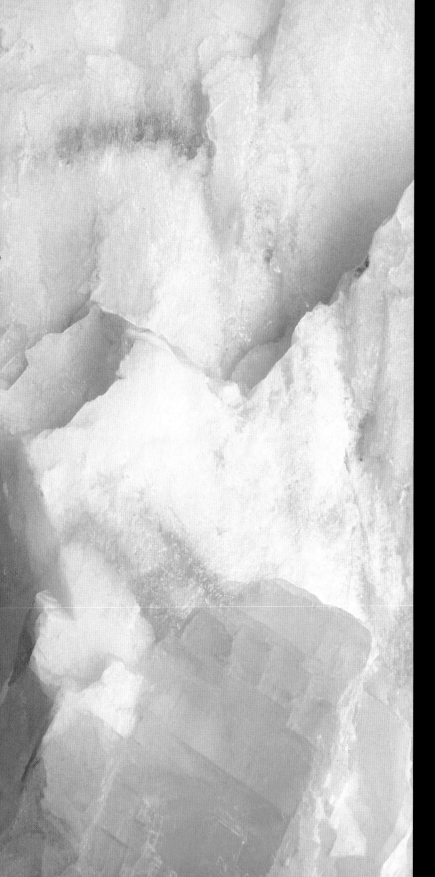

Cristales alternativos

ANGELITA, CELESTITA

La Angelita es una forma comprimida de la Celestita. Ambos cristales facilitan la conexión consciente con los seres angélicos, pero también son piedras de buena suerte. Favorecen la sintonía profunda y la conciencia elevada, refinando la percepción y la intuición. Estas piedras tranquilas incrementan la compasión y la capacidad de amar incondicionalmente. Si tienes que poner en marcha la manifestación, no busques más, pues estos cristales te ayudan a confiar en la sabiduría infinita del reino divino.

CELESTITA

ANGELITA

CUARZO ANFÍBOL, CUARZO AURORA (ANANDALITA™)

El Cuarzo Anfíbol es una mezcla mágica de minerales que elevan tus vibraciones al nivel más elevado y solicitan asistencia angélica cuando se necesita. El Cuarzo Aurora, iridiscente y de una vibración excepcionalmente alta, expande la conciencia para que puedas alcanzar la iluminación aquí, en la Tierra.

CUARZO
ANFÍBOL

CUARZO AURORA
(ANANDALITA™)

ALTAR DE CALCITA ALA DE ÁNGEL

¿Cómo establezco una conexión angélica?

La preparación de un altar crea un espacio sagrado e invoca a los ángeles. Te recuerda que honres tus intenciones y tu poder de manifestar y mantener tu conexión angélica. Un altar enfoca tu atención y te ayuda a llevar amor y quietud a tu corazón para que tu ángel pueda hablarte. Sitúa el altar en un lugar tranquilo, donde nadie lo altere. Puedes poner sobre él artículos que te recuerden tus objetivos de manifestación; y unas flores frescas, velas o estatuas añadirán energía al altar. Acuérdate de mantenerlo limpio y fresco. Necesitarás una Calcita Ala de Ángel, una tela de seda o terciopelo, velas, flores y otros artículos de tu elección.

1 Cuando hayas elegido un lugar adecuado para el altar, extiende la pieza de seda o terciopelo del color apropiado para la cualidad angélica que buscas manifestar, o del arcángel al que deseas honrar (véase la tabla siguiente). Sostén el cristal en la mano y conecta con su poder, sintiendo que irradia hacia tus chakras de manifestación y por la totalidad de tu ser.

2 Con la mano izquierda, pon el cristal en el centro de la tela. Sitúa las velas, las flores y demás artículos a su alrededor. Enciende las velas si vas a usarlas.

3 Extendiendo las manos hacia el altar, pide que los seres angélicos, y cualquier arcángel específico con quien desees establecer una conexión. se manifiesten dentro del cristal y en tu vida. Si tienes alguna petición que hacer a los ángeles, exprésala clara y sucintamente, elevando la mano derecha hacia la frente mientras lo haces y dejando la mano izquierda estirada.

4 Dedica unos momentos de cada día a enfocarte en tu altar y a dar gracias a la presencia angélica por estar en tu vida. También puedes usar el altar para hacer meditaciones más largas.

ARCÁNGEL	COLOR	CUALIDAD
Anauel	Arcoíris	Prosperidad y abundancia
Baraquiel	Arcoíris	Buena fortuna
Atrugiel	Rojo-negro	Guardián personal
Rafael	Verde	Curación
Sandalfón	Terrenal	Bienestar
Azariel	Turquesa	Intuición y lucidez
Azrael	Plata	Transición
Miguel	Azul	Guerrero espiritual, coraje
Jofiel	Amarillo	Sabiduría cósmica
Gadiel	Gris ahumado	Liberación de las ataduras
Chamuel	Rosa	Amor divino e incondicional
Luminel	Azul pálido	Comunicación
Haniel	Naranja	Sincronicidad
Gabriel	Blanco	Pureza de ser
Uriel	Oro	Paz y renacimiento
Lucifer	Negro con plata	Llevar luz a los lugares oscuros
Zadkiel	Violeta	Transmutación
Metatrón	Blanco puro	Armonía última

Activar la conciencia superior

La conciencia interpenetra y conforma todas las cosas. Aglutina los componentes básicos de la materia y es la instigadora de todos los cambios y transmutaciones en nuestro planeta y más allá del mismo. La conciencia funciona de distintas maneras. En realidad, nosotros operamos dentro de un banda de conciencia muy limitada: la conciencia de cada día. Por debajo de esto (en términos de resonancia y frecuencia) están las bandas del subconsciente, del inconsciente colectivo y del inconsciente. Pero estas no están separadas de la conciencia de cada día; la impregnan e influyen en ella a cada momento. Más allá de la conciencia de cada día están las dimensiones —en gran medida inexploradas y literalmente interminables— de la conciencia cósmica, superior o cuántica, en la que todo es posible porque todas las cosas ya existen en potencia y simplemente tienen que ser activadas por la intención enfocada.

La conciencia cuántica es un campo no local: está por todas partes y por ninguna parte a la vez. La conciencia superior es omnisciente y omnipresente: lo ve todo, lo conoce todo y lo crea todo. Es una partícula que es onda, y una onda que es partícula. Viaja hacia delante y hacia atrás en el tiempo y demuestra que no hay tiempo en absoluto. Muestra que tú creas el suceso que está siendo observado. En otras palabras, la conciencia superior es un campo cuántico: un universo holográfico con conciencia multidimensional y una interconexión mística que ha sido denominada «conciencia de dicha», Espíritu, la Fuente de Todo Lo Que Es. La conciencia superior o cuántica es uno de los grandes impulsores de la manifestación. No es algo situado aparte de la conciencia de cada día, pero tiene que ser llevado a la conciencia cotidiana. La manera más rápida de hacerlo es meditar con cristales de alta vibración, que te conectan de manera natural con esta inmensa fuente de poder y comprensión. El término «conciencia superior» hace referencia a su frecuencia vibratoria y a su expansión, que abarca una realidad multidimensional. Los dos tipos de conciencia son complementarios y coexisten como parte de la totalidad del espectro. El «Yo Superior» asciende en la conciencia cuanto más la expandes y cuanto más permeable y maleable deviene la conexión entre tú y el resto de la creación. Cuanto más puedas acceder a este espectro e integrarlo en tu vida cotidiana, mejor será la manifestación.

CUARZO AURORA
Tu cristal de la conciencia superior

El Cuarzo Aurora, conocido por su nombre comercial de Anandalita™, es un cristal de alta vibración con iridiscencia natural que está lleno de ondas bioescalares y conciencia cuántica. Integrando la dualidad en la unidad, expande tu conciencia y te lleva hacia la interconexión con la totalidad de la vida. Armoniza la nueva vibración para que la totalidad de la creación participe, y se beneficie, de la elevación cuántica.

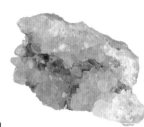

ENTENDER ESTE CRISTAL

Con sus maravillosos destellos de color, el Cuarzo Aurora te introduce a las posibilidades ilimitadas del ser multidimensional. Su frecuencia excepcionalmente elevada te lleva a viajar por el cosmos y más allá. Meditar con el Aurora revela la estrecha banda de conciencia en la que has operado previamente y abre la puerta a la conciencia superior. El Aurora cristaliza en distintas formas, reflejando los diversos disfraces de la conciencia. Los delicados Aurora, parecidos a flores o «estalactitas» en drusa (o agujas) se acumulan en torno a un núcleo y tienen una poderosa conexión con Todo Lo Que Es, vinculando las almas en la conciencia de unidad y limpiando la conciencia colectiva. Los cristales de Aurora más grandes contienen enormes cantidades de ondas bioescalares y afectan profundamente al bienestar de la humanidad. Son excelentes para reestructurar la mente subconsciente.

Con sus poderosas ondas bioescalares, el Aurora activa el mecanismo de curación natural del cuerpo. Rearmoniza cualquier enfermedad o desequilibrio creado cuando los cuerpos sutiles no integran la conciencia superior. También facilita el despertar sutil de la Kundalini. No obstante, si la Kundalini ha despertado anteriormente de manera desconectada y no dirigida, y ha creado desequilibrios en el cuerpo físico, entonces el Aurora armoniza el proceso de integración y libera los bloqueos emocionales que se alzan en el camino del despertar espiritual.

EL CUARZO AURORA Y LA MANIFESTACIÓN

El Cuarzo Aurora construye un entramado de energía para que las ondas bioescalares, las vibraciones superiores y la intención enfocada se anclen en y pasen a través del campo biomagnético, los cuerpos etérico y físico de una persona o de la Tierra. Desenergetiza y deconstruye cualquier estructura energética más antigua que produzca detrimento y permite que se cree un nuevo patrón, sustentando la manifestación a todos los niveles. Cada color y destello tienen propiedades específicas. El verde da acceso a las multidimensiones de la conciencia. El azul amplifica el campo biomagnético, acelerando la curación. El oro repara y recarga los circuitos curativos e incrementa el flujo de ondas bioescalares. El rojo vitaliza y remotiva el alma en su viaje de manifestación. El marrón es portador de una luz arcoíris que armoniza y purifica la biosfera; lleva las sombras a la luz. Este color acarrea energía angélica y dévica, y permite acceder a los seres que supervisan el planeta Tierra.

USAR EL CUARZO AURORA

Cuando se barre con él desde el chakra Estrella Tierra hasta el coronario y vuelta, la Anandalita purifica todo el sistema de chakras y lo alinea con las frecuencias más elevadas, asentando las energías. Esta piedra deja tu alma en los huesos y reconstruye tus pautas energéticas para que puedas albergar un enorme cambio de conciencia y manifestar la iluminación.

Cristales alternativos

TODOS LOS CUARZOS DE ALTA VIBRACIÓN: AZEZTULITA, MAYANITA ARCOÍRIS, TRIGÓNICO, SATYAMANI, CUARZO SATYALOKA™, PETALITA, FENACITA

Muchas piedras nuevas de alta vibración están entrando en el mercado. Todas ellas te conectan sin esfuerzo con la conciencia superior, y cada una parece superar la dimensión de las anteriores. Cuál de ellas has de elegir dependerá de tu punto de partida. Los que tienen experiencia en el trabajo con cristales eligen las últimas piedras, como la Azeztulita, la Mayanita Arcoíris y el Trigónico, o las recientemente descubiertas para acelerar el viaje de su alma, mientras que los novatos podrían empezar sensatamente con piedras de probada eficacia, como Satyamani, Satyaloka, Petalita y Fenacita para abrir el camino.

AZEZTULITA

MAYANITA ARCOÍRIS

TRIGÓNICO

CUARZO SATYALOKA™

SATYAMANI

FENACITA

PETALITA

MEDITACIÓN CON CUARZO AURORA

¿Cómo conecto con la conciencia superior?

Sentarte en silencio, sosteniendo un cristal de alta vibración, te transporta instantáneamente a las dimensiones de conciencia más elevadas posibles. Cuanto más eleves tu propia frecuencia vibratoria, más elevada será la dimensión alcanzada. Asciendes la escalera eligiendo una sucesión de piedras que te van llevando progresivamente más y más alto. O podrías probar una de las nuevas piedras de vibración excepcionalmente alta que te disparan directamente al pico de la conciencia de dicha (como un tren expreso). Depende en gran medida de tu respuesta individual a un cristal específico. Pero, cualesquiera que sean las piedras o el método elegido, acuérdate de asentar la nueva vibración en tu cuerpo, de modo que tu conciencia superior pueda manifestarse aquí, en la Tierra.

1 Sostén el Cuarzo Aurora en tu mano y conecta con su poder, sintiendo que irradia hacia tus chakras de manifestación y por la totalidad de tu ser. Permite que las poderosas ondas bioescalares del cristal vibren a través de tus cuerpos físico y sutiles. Siente cómo realinea los meridianos sutiles (canales), las células y los transmisores celulares, reconfigurando tu cuerpo físico y tu sistema inmunitario, y reordenando tus circuitos eléctricos y el sistema nervioso central para acomodar el flujo de conciencia cuántica. Tómate el tiempo que sea necesario para este proceso esencial.

2 Cuando te sientas preparado, toca tu Dantien (justo debajo del ombligo) con el Cuarzo Aurora; después tócate el chakra soma (por encima del tercer ojo, a medio camino a lo largo de la línea del cabello), y después todo lo lejos que puedas por encima de tu cabeza.

3 Deja que el cristal descanse en las manos sobre tu regazo. Siente la fuerza Kundalini sutil y luminiscente del cristal, que va ascendiendo a través

del canal central de tu cuerpo, activando todos los chakras, desde el básico hasta la cabeza, y conectando con los más elevados. Esto activa el despertar espiritual y la conciencia cuántica. Disuelve las barreras entre los distintos niveles de la creación y te lleva hacia las infinitas posibilidades de la mente universal.

4 Permítete cabalgar las olas de esa conciencia superior. No trates de controlarla, simplemente ten la intención de explorarla y experimentarla. Pide al cristal que te lleve a través de las multidimensiones de la conciencia, hacia las que sean más apropiadas para ti en este momento. Es posible que no seas capaz de explicar la física cuántica de manera coherente cuando salgas, pero la habrás experimentado íntimamente, así como el precioso universo holográfico que es la conciencia multidimensional y la interconexión mística.

Recuérdate que puedes entrar en este estado en cualquier momento simplemente elevando tu frecuencia vibratoria. Tu Cuarzo Aurora siempre está preparado para ayudarte, pero tu mente pronto aprende cómo hacerlo sin ayuda de los cristales.

5 Cuando haya concluido la meditación, pon el Cuarzo Aurora a tus pies y dirige conscientemente las energías superiores hacia abajo para que se asienten en la Tierra. Da las gracias al cristal por su trabajo. Ponte de pie y siente que tus pies tienen una fuerte conexión con el planeta. Si estás un poco mareado, sostén un Hematite o un Cuarzo Ahumado para aterrizar.

6 Pon el Cuarzo Aurora en un lugar donde pueda continuar irradiando sus poderosas energías curativas y de integración hacia tu entorno y hacia la Tierra.

Reconectar con la perfección

Al nivel más elevado del alma, eres un ser perfecto. Antes de que comenzara el tiempo, surgiste de la conciencia pura y de un depósito de esencia espiritual que no contenía imperfecciones. Algunas personas llaman a esto lo divino; otros, Dios o Espíritu, o Todo Lo Que Es. No importa cómo lo nombres; simplemente es. Hace mucho tiempo, tu alma decidió emprender un viaje de exploración, dejando atrás este estado de perfección. No obstante, se llevó consigo una impronta energética, un holograma de lo divino, un entramado etérico o maqueta sutil que, en su núcleo, contiene la semilla de perfección que viaja contigo a lo largo de los eones y de las multidimensiones del ser.

¿Por qué se fue?, podrías preguntarte. La conciencia que es tu alma quería conocerse a sí misma. Para ello tuvo que descender a lo largo de muchas capas y niveles de experiencia hacia vibraciones más bajas y densas, hasta que, finalmente, se manifestó en el mundo físico. Formó grupos y volvió a fragmentarse; tomó piezas que no pertenecían a su ser puro, se enredó y se enganchó con otras almas. A lo largo del camino el entramado perfecto reunió incrustaciones kármicas y heridas del alma de vidas pasadas —mugre ancestral que se adhirió a través del ADN de la línea familiar— e improntas de las numerosas experiencias que tuvo. Se olvidó de que era pura conciencia y parte del depósito original de esencia espiritual que era la perfección. Se hizo autocentrada y tomó un ego, así como improntas emocionales y mentales, relaciones con otras personas, dificultades físicas y un enorme sufrimiento. Se olvidó de sus orígenes divinos y creyó que Dios era alguna otra cosa. Todo esto dejó una impronta en el entramado etérico. A partir de este entramado se manifestaron los múltiples cuerpos en los que el alma tuvo sus experiencias humanas. Los bloqueos, las heridas y las incrustaciones que llevaba se mostraron como enfermedades físicas y psicológicas.

Pero la integridad y el potencial del entramado etérico permanecieron intactos, junto con su conexión con todos los demás entramados, cualquiera que fuera la forma que pudieran haber tomado. Eran uno. En su corazón estaba la perfección pura, una perfección que puede ser recuperada y que facilita la manifestación al nivel más elevado en todas las esferas de la vida.

BRANDENBERG
Tu cristal de la perfección

El Brandenberg tiene unas vibraciones excepcionalmente elevadas, y te conecta con la inmensidad de tu ser y con Todo Lo Que Es. Esta es una piedra poderosa para la alquimia espiritual y perfecta para la curación profunda del alma. Te ayuda a retener en la conciencia la travesía de otras dimensiones y las comprensiones que allí encuentras. Es multifuncional, y cada piedra contiene la resonancia del Cuarzo Claro, el Ahumado y la Amatista, cualquiera que sea su color.

ENTENDER ESTE CRISTAL

Los Brandenberg son únicos. Hallados en Namibia, donde se entrecruzan poderosas líneas telúricas y energéticas, están imbuidos de una energía curativa extremadamente potente. Las inclusiones y los fantasmas dentro de la piedra actúan como una escalera hacia las dimensiones superiores. El Brandenberg te sintoniza con tu identidad esencial, activando tu conciencia superior y conectando con las multidimensiones del mundo espiritual. Devuelve a su estado energético perfecto la maqueta etérica de la que se formó el cuerpo físico, llevándola a la vibración más elevada de Todo Lo Que Es: la perfección. Devuelve el equilibrio a los cuerpos físico, emocional, psicológico y mental, y a las maquetas ancestral y kármica.

EL BRANDENBERG Y LA MANIFESTACIÓN

El Brandenberg te ayuda a viajar al estado entre vidas para que puedas evaluar el plan del alma para tu vida actual. Te devuelve al plan original si te has desviado, y te libera de imperativos del alma que deben quedar atrás. Sanando las improntas y los efectos de traumas de vidas anteriores (sin importar en qué dimensión fueran vividas), restaura tu poder para que se manifieste sabiamente. También retira bloqueos a la visión espiritual y permite acceder a la guía de la fuente más pura. Además, te ayuda en el proceso de recuperación del alma o partes de ella que se escinden en la infancia, y facilita la purificación y la integración de dichas partes en tu yo actual.

USAR EL BRANDENBERG

Un Brandenberg limpia el chakra corazón superior y abre la garganta, para que la verdad espiritual pueda expresarse con amor incondicional y compasión. Maestro sanador, te devuelve la vitalidad, llevándote al estado energético más perfecto posible y activando el holograma divino dentro de tu alma.

Aunque el Brandenberg individual es portador de la vibración del Cuarzo Ahumado, el Cuarzo Claro y la Amatista, cada color presta una ayuda especializada. El Brandenberg Ahumado es la herramienta más refinada para eliminar implantes, adherencias, posesiones de espíritus o influencias mentales; ayuda a la transición consciente. Si has soportado una enfermedad física o psicosomática, o circunstancias traumáticas debidas al karma o al crecimiento del alma, te ayuda a afrontar el resto de tu vida actual con alegría y ecuanimidad, sabiendo que tu situación es la correcta para tu evolución. La Amatista Brandenberg cura el dolor de corazón de vidas pasadas y resuelve los contratos del alma, manifestando una pareja incondicional, mientras que el Brandenberg Claro te reconecta con la pureza de tu ser.

Cristales alternativos

CUARZO AURORA (ANANDALITA™), CUARZO SATYALOKA™, CUARZO NIRVANA

El Cuarzo Aurora tiene iridiscencia natural y unas vibraciones excepcionalmente elevadas que integran la dualidad en la unidad, llevándote a entender la interconexión de toda vida y a armonizarte con la nueva vibración para crear un estímulo cuántico. La vibración del Cuarzo Satyaloka ha sido elevada por la luz espiritual; crea una profunda unión con lo divino y abre a los niveles más elevados de la conciencia mística. El Cuarzo Nirvana, un cuarzo de alta vibración natural de los Himalayas, facilita el cambio hacia la iluminación y la dicha interna. Alzándose en el punto de encuentro entre la conciencia y la materia, la mente y el cuerpo, el espíritu y el alma, el pasado y el futuro, lo humano y lo divino, el Cuarzo Nirvana es la perfección cristalizada.

CUARZO AURORA
(ANANDALITA™)

CUARZO
SATYALOKA™

CUARZO NIRVANA

CUARZO FANTASMA

Si los nuevos Cuarzos de alta vibración no están a tu disposición, entonces puedes ascender por el Cuarzo Fantasma como por una escalera para limpiar viejos patrones.

CUARZO
FANTASMA

EL VIAJE
A LA PERFECCIÓN
¿Cómo puedo reconectar con la perfección?

Los fantasmas, capas e inclusiones dentro del Brandenberg actúan como una escalera hacia las dimensiones superiores. Este viaje te lleva a atravesar las energías sutiles para alcanzar el patrón energético perfecto en el núcleo del universo y de tu ser. Limpia todo lo que ha quedado impreso sobre la maqueta perfecta con la que tu alma empezó su viaje hacia la encarnación. Retira las incrustaciones kármicas, las heridas del alma, los bloqueos, las creencias y las imperfecciones, sin importar de dónde vengan. A continuación revela y reimprime el patrón de energía perfecto que contiene todas las posibilidades y el potencial para ti y tu futuro, y el de generaciones venideras.

1 Sostén el Brandenberg en tu mano y conecta con su poder, sintiendo que irradia hacia los chakras de manifestación y por la totalidad de tu ser. Asiéntate, quédate en silencio y respira delicadamente, retirando tu atención del mundo exterior y dirigiéndola hacia el cristal. Manteniendo los ojos medio abiertos, deja que desenfoquen y observa los fantasmas y las inclusiones dentro del Brandenberg.

2 Siente que el cristal te lleva al pie de la escalera que asciende a las dimensiones superiores. El primer escalón te lleva a atravesar tu propia aura, ayudándote a purificar los bloqueos y a expandir tu conciencia. Atraviesa el nivel físico, retirando los viejos bloqueos, incrustaciones y heridas. A continuación atraviesa el nivel emocional, de modo que las emociones tóxicas arraigadas se vayan soltando y de este modo se purifique el aura emocional. Pasa a través del nivel mental, liberando las creencia tóxicas y las improntas mentales. Limpia entidades, ganchos y apegos que hayas ido reuniendo a lo largo del viaje de

tu alma. Es posible que tu aura se sienta un poco agujereada con tanta liberación, pero la luz del cristal fluye hacia ella para mantener los espacios abiertos y para que se creen nuevos patrones cuando sea conveniente.

3 El segundo escalón te lleva a atravesar el legado de los antepasados, limpiando y sanando sobre la marcha la línea ancestral. Envía la curación hacia atrás, a todas las ramas del árbol familiar, y hacia delante, a las futuras generaciones.

4 El tercer escalón te lleva a encontrarte con tu alma, el yo superior que ve mucho más allá de lo que tú puedes ver, ahora que te recubren las energías del plano terrenal. Te ayuda a limpiar y liberar tu pasado kármico.

5 El cuarto escalón te lleva a la dimensión más elevada posible y limpia tu ser espiritual, liberando las heridas del alma y los imperativos que ya no te sirven. Libera los ganchos y enredos, los contratos del alma y los apegos que surgieron de ellos. Aquí, dedica algún tiempo a acumular y atesorar tu sabiduría espiritual y tu verdadero propósito.

6   A continuación, el Brandenberg te lleva al lugar donde te espera tu pura esencia espiritual, el modelo perfecto de todo lo que eres y de todo lo que puedes ser. Entra en este modelo y absorbe las nuevas pautas y posibilidades que te ofrece. Siente que te reconecta con el holograma divino, ajustando y armonizando todos los niveles de tu ser hasta asentarse en el físico, para que puedas manifestar un bienestar óptimo y el verdadero propósito de tu alma.

7   Cuando estés preparado para regresar, lleva tu conciencia de vuelta hasta la base de la escalera y retira los ojos de la piedra. Agudiza tu enfoque hasta volver a tocar el plano terrenal. Vuelve a asentar cómodamente tu conciencia en el cuerpo físico. Respira un poco más profundamente. Mueve los dedos de las manos y de los pies, estírate y ponte lentamente de pie, asegurándote de mantener los pies en contacto con la Tierra. Si te sientes un poco mareado, ponte un Cuarzo Ahumado entre los pies y sostén un Hematite en las manos.

Abrir la puerta del alma

La mayor parte del universo (lo mismo que nuestros cuerpos) es «espacio vacío» lleno de energía dinámica, y podemos considerar el alma como un vehículo para esa energía cósmica. Pero la energía impregna el alma y el cuerpo físico conjuntamente; no están separados. Estar conectado con tu alma abre un conducto hacia la conciencia superior y los poderes de manifestación del orden más elevado.

A partir de las regresiones a vidas pasadas, las experiencias cercanas a la muerte, las experiencias fuera del cuerpo, los recuerdos espontáneos y las comunicaciones con difuntos, ha quedado claro que la característica más singular del alma es su vivacidad. Es consciente, capaz de moverse y de elegir, y tiene una identidad cohesionada. También está claro que el alma habita muchas dimensiones y marcos temporales diferentes, *todos ellos al mismo tiempo,* porque es holográfica. Reflexiona y experimenta a través de cada una de sus partes, incluso cuando parece estar fragmentada. El holograma del alma es energético más que físico; puede comunicarse con sus múltiples formas dentro del uno y recibir experiencias de ellas. Si el alma elige irradiar la luz de la conciencia a través de otra parte del patrón holográfico, refleja una actitud mental diferente, y esto le ofrece una nueva perspectiva con respecto a un viejo problema, o abre nuevas áreas para ser exploradas.

Tenemos una parte del alma que es el «pequeño yo» situado aquí abajo, en la encarnación, en la vibración más densa del ser, que es el plano físico. Pero también tenemos otra parte del alma que es nuestro «yo superior», que no está plenamente encarnado y tiene acceso a otros reinos de la existencia. Es mucho más sabio que el «yo-que-está-aquí-abajo». Este yo superior sabe qué contratos del alma se han realizado, la plena extensión del plan del alma para la actual encarnación y dónde encaja en su plan evolutivo general, así como en su historia. Hace un seguimiento de las experiencias «encarnatorias» y guía el alma hacia la comprensión y la realización. El yo superior está en contacto con los Registros Akásicos, que contienen la impronta de todo lo que ha sido y será. De modo que estar más en contacto con tu alma hace que seas más capaz de manifestar tu verdadera identidad.

CUARZO TRIGÓNICO
El cristal de tu alma

Caracterizado por los triángulos invertidos que bajan en cascada sobre una o más de sus facetas, el símbolo trigónico del alma está apareciendo en muchas piedras del alta vibración y es portador de los códigos ADN cósmicos y de la pura esencia del alma. El Cuarzo Trigónico actúa como una comadrona, abriendo la puerta a tu alma y a todas sus manifestaciones. La piedra te lleva al núcleo de quien eres y de quien estás destinado a ser.

ENTENDER ESTE CRISTAL

El Cuarzo Trigónico es una herramienta de evolución personal y planetaria. Su poder reside en su profunda conexión con el alma y la conciencia de unidad. Los Trigónicos permiten moverse entre distintos niveles de realidad con gracia y facilidad. Son portadores del ADN holográfico del alma y actúan como una totalidad unificada. El Cuarzo Trigónico te ayuda a trascender los límites de la realidad de cada día. Todo el que trabaja con él tiene una experiencia personal única. Los Trigónicos se han solidificado y se han dado a conocer para ayudar a transitar hacia la conciencia expandida, y necesitan conciencias humanas armoniosas y compatibles para facilitar su trabajo. El trabajo con los Trigónicos abre los chakras sutiles de las dimensiones superiores al influjo de la realidad espiritual e impulsa hacia la conciencia expandida. Una vez que experimentas la conciencia cuántica, tu ritmo vibratorio cambia permanentemente a una frecuencia más elevada.

Las marcas triangulares sobre las facetas de los cristales parecen talladas, pero se trata de una formación natural que puede aparecer en cualquier momento. El ser energético que es el alma Trigónica está pasando de un estado de plasma a otro cristalino. Está sufriendo una profunda metamorfosis en sí mismo, y te ayuda a realizar una transición similar. El efecto es inmediato, radical y altamente concentrado.

EL CUARZO TRIGÓNICO Y LA MANIFESTACIÓN

El Cuarzo Trigónico crea un núcleo calmado en torno al cual todo fluye y se apresura; esto facilita que tú estés «aquí» y «allí» al mismo tiempo sabiendo que todo es uno. El Trigónico hace que te quedes con lo que es en cualquier momento dado y te reconecta con tu propósito más elevado, en lugar de con lo que el ego podría desear. Para trabajar con este cristal es esencial haber liberado los bloqueos y la toxicidad de los cuerpos físico y sutiles, así como de los chakras de las dimensiones superiores, porque, de otro modo, los asuntos no resueltos saldrán a la superficie y pueden inducir una catarsis dramática. Después de eso estarás conectado con tu alma al nivel más alto. Cuando manifiestas desde este nivel, trabajas por el mayor bien de todos. Al anclar la conciencia superior en la Tierra, elevas la conciencia evolutiva del planeta.

USAR EL CUARZO TRIGÓNICO

Sostener esta piedra te lleva instantáneamente a la conciencia cuántica para conseguir una visión objetiva del viaje de tu alma. Meditar con el Trigónico activa un estado de las ondas mentales que es simultáneamente beta y theta, y permite que se produzca una profunda curación y reestructuración del cuerpo, las creencias y las realidades. El Cuarzo Trigónico manifiesta paz en cualquier situación de conflicto.

Cristales alternativos

AMATISTA CON GORRA DE CRISTAL (GORRA DE NIEVE)

La Amatista con Gorra de Cristal actúa como una escalera a fin de ascender por los niveles de la conciencia y te devuelve a tu cuerpo para que puedas integrar la conciencia cuántica cuando se completa la experiencia. Este cristal armoniza el cerebro, animándote a integrar sus diversas partes, y activa los neurotransmisores y nuevas rutas neuronales para que renueves tu manifestación.

AMATISTA CON GORRA DE CRISTAL

MERLINITA MÍSTICA, FENACITA

La Merlinita Mística expande rápidamente la conciencia. Facilita la exploración de las partes ocultas de tu psique para que puedas entender mejor las situaciones que han tenido un profundo efecto en tu manifestación. La Fenacita resulta útil si estás emprendiendo un viaje para unir tu conciencia personal con la conciencia superior; sana el alma y purifica los cuerpos sutiles y el físico, permitiéndote manifestar la conciencia superior en la Tierra.

MERLINITA MÍSTICA

FENACITA

MEDITACIÓN CON CUARZO TRIGÓNICO

¿Cómo reconecto con mi alma y su propósito?

Puesto que tu alma ve mucho más allá que la parte de ti que está encarnada en las densas vibraciones de la Tierra, parece lógica la idea de una fuerte conexión con el alma desde la que manifestar. Entrar en este yo de alta vibración te permite examinar los planes que hiciste antes de venir a la encarnación: la misión de tu alma. Algunas personas planean la encarnación de su alma con extremo cuidado, mientras que otras regresan sin pensárselo mucho. Ambas vuelven atraídas por asuntos pendientes; la diferencia está en cómo (o si) planean lidiar con ellos. Los que planean generalmente tienen la intención de desarrollarse espiritualmente. Sin embargo, igual que nuestro yo-de-aquí-abajo puede tener deseos inconscientes e imperativos nacidos de condicionamientos anteriores que dirigen su conducta, lo mismo le puede ocurrir al alma. Si tuviste un propósito del alma en el pasado y no fue realizado, aún podría estar operando inconscientemente, y podría desvirtuar sutilmente tus aspiraciones actuales. Esta meditación te ayuda a identificar y a reencuadrar cualquiera de estos propósitos caducos.

1. Sostén el cuarzo en la mano y conecta con su poder, sintiendo que irradia hacia tus chakras de manifestación y por la totalidad de tu ser.

2. Mira los triángulos de la piedra: cada uno de ellos te muestra una faceta de ti y actúa como una puerta al holograma de tu alma. Permite que estas facetas se comuniquen energéticamente contigo, contándote la historia del viaje de tu alma, con sus altibajos, méritos y déficits, sabiduría y conciencia. Siente la enorme respiración de tu alma.

3. Si hay alguna parte de tu alma que se ha fragmentado o que está atrapada en otro momento temporal, pide que estas partes vuelvan a ti a través del cristal, de modo que la energía sea purificada y devuelta a su vibración más alta. Da la bienvenida a estas partes de vuelta a casa.

4. Pide a tu alma que te deje claro el propósito de tu presente encarnación, la misión del alma en la que te encuentras y cuál es la mejor manera de llevarla a cabo. Pregunta qué contratos del alma que tengas que cumplir en esta vida has hecho con otras personas.

5. Pide a tu alma que te indique cualquier imperativo, contrato del alma o propósito trasnochado y caducado que podrían estar interfiriendo con el cumplimiento de su misión. Cuando lo encuentres, explica a la parte del alma que está llevando a cabo ese propósito o contrato caducado, que ya no es aplicable, que has avanzado en tu evolución y que ya es hora de disolverlo y soltarlo.

6. Tu cristal atrae tu atención hacia una puerta delineada en la luz celestial más brillante, más allá de la cual bailan y cantan triángulos relucientes. Deja que las energías del cristal te lleven a atravesar esa puerta hacia la frecuencia energética más elevada de tu alma. Descansa en esa energía y absórbela.

7. Cuando sea la hora de volver, trae contigo ese contacto con tu alma, anclándolo en tu corazón. Pon el cristal donde puedas verlo con frecuencia para que te recuerde que vas a manifestar desde tu alma.

8. Ponte de pie, siente el contacto que hacen tus pies con el suelo y después orienta tu percepción hacia fuera, hacia el mundo.

Llevar magia a tu vida

Todo este libro te ha hablado de crearte una vida mágica para ti mismo, una vida en la que haya sitio para las casualidades favorables y las sincronicidades, la pasión y los sueños, la creatividad y la manifestación alegre, el alma y su plenitud. Ahora es el momento de integrarlo todo. A estas alturas habrás limpiado los pensamientos de fondo, habrás transformado tus emociones negativas en positivas, te habrás sintonizado con la conciencia cuántica y la increíble respiración de tu alma, habrás obtenido el don de la felicidad y la alegría internas, y habrás aprendido a atraer la dicha como un imán. Reconocerás que la prosperidad y la abundancia son mucho más que la riqueza material. Habrás transformado cualquier programa tóxico que estuvieras emitiendo y ahora estarás enviando señales al universo que atraen de vuelta solo lo mejor y lo más elevado.

Entonces, ¿qué queda? Bueno, es el momento de dejar que se despliegue un mundo de maravilla y de magia. De crear una vida llena de momentos mágicos. La vida es verdaderamente mágica si te paras a pensar en ella. Después de todo, estás en un planeta que gira rápidamente en el espacio a cientos de kilómetros por hora y no te caes. Y tampoco te das cuenta de que estás girando: ¡esto es la magia en sí misma! Estás compuesto por millones de átomos, la mayor parte de los cuales están hechos de espacio vacío, y sin embargo tienes una forma material. Pero tu conciencia puede dejar esa forma atrás e irse a viajar. Tienes una imaginación que puede crear cualquier cosa o cualquier lugar que desees, y tienes el poder de llevar eso a la manifestación.

Las claves mágicas:
- Sigue tu pasión.
- Usa el poder de tu imaginación.
- Invierte en los deseos de tu corazón.
- Cree en ti mismo.
- Sé agradecido, siéntete bendecido.

¡Crea tu propio sueño mágico!

MERLINITA
Tu cristal mágico

La Merlinita, una combinación de Cuarzo y Psilomelana, trae la magia a tu vida. Esta piedra holográfica contiene la sabiduría combinada de los obradores de maravillas, chamanes, alquimistas, sabios, sacerdotes-magos y practicantes de la magia de todas las épocas. Combinando las vibraciones terrenales con las espirituales, une arriba y abajo en una correspondencia mágica que transmite los poderes de los dioses a la Tierra, facilitando el acceso a las dimensiones espirituales y a los reinos mágicos y chamánicos.

ENTENDER ESTE CRISTAL

La Merlinita recibe su nombre del legendario mago-mentor del rey Arturo. Esta Ágata dendrítica es una piedra reflexiva, y es perfecta para el trabajo mágico, porque sus delicados zarcillos en forma de ramas y sus capas fluidas crean rutas que penetran sutilmente los velos que separan los mundos visible e invisible. Te ayuda a sentirte seguro y protegido cuando atraviesas lo desconocido. Esta piedra abre tus canales intuitivos y armoniza las rutas neurales del cerebro para hacerlo más receptivo a la magia alquímica y sinergística. Atrae mentores y aliados de otros mundos cuando empiezas a aprender el arte de la magia o el chamanismo. Las partes más oscuras de la Merlinita pueden guiarte hacia el submundo de tu propio ser, facilitando el viaje chamánico para recuperar el alma y curar su núcleo. Te ayuda a aceptar y a integrar las cualidades de tu sombra, en las que descansan tus mayores dones.

La Merlinita es una piedra que atrae sincronicidades y la transmutación chamánica; te alinea con el flujo universal y facilita la manifestación de fuerzas cósmicas en el mundo material. Como tiene una conexión poderosa con los elementos, se ha usado tradicionalmente para la magia que trata de influir en el tiempo atmosférico y la fertilidad.

LA MERLINITA Y LA MANIFESTACIÓN

La Merlinita te ayuda a entender el destino de tu alma. También te ayuda a aceptar que lo que crees necesitar podría no ser lo que se necesita para tu mayor bien y crecimiento. Piedra de síntesis e integración, conecta tu intelecto con la intuición, la mente subconsciente con el consciente y la oscuridad con la luz, y une masculino y femenino en un matrimonio alquímico de creación ilimitada.

La Merlinita te ayuda a leer los Registros Akásicos de tu alma, induciendo viajes por tus vidas pasadas o futuras, o periodos entre vidas, para que puedas reencuadrar y sanar incidentes que de otro modo te llevarían a una manifestación ineficaz. Las almas planean sus destinos en el espacio entre vidas, aunque estos planes pueden ser saboteados por la acumulación de karma y por proyectos caducos de otras vidas. Cuando accedes a los Registros Akásicos, ves lo que has sido y lo que podrías ser —tus futuros potenciales— dependiendo de las elecciones que realices ahora.

USAR LA MERLINITA

Si tienes que afrontar elecciones, ponte la Merlinita sobre el tercer ojo para ver las posibles consecuencias y manifestar un resultado deseable. Al poner riendas a su poder, puedes descubrir el propósito de tu alma.

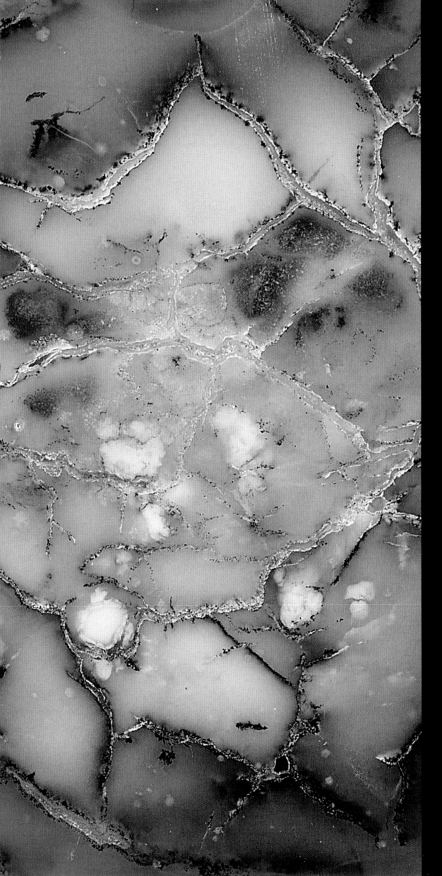

Cristales alternativos

ESTAUROLITA, ESTIBNITA

La Estaurolita potencia los rituales mágicos y la comunicación entre los mundos. La Estibnita es la piedra del chamán: facilita el cambio de forma y genera un poderoso escudo alrededor del cuerpo mientras viaja. Cuando se usa como una vara, separa lo puro de la escoria y revela el oro que se halla en tu núcleo.

ESTAUROLITA

ESTIBNITA

BRONCITA, MOHAWKITA

La Broncita crea un espacio despejado para trabajar la magia. Esta piedra te ayuda a entrar en el estado de «no-ser», llevándote a un espacio de total serenidad. Si te has quedado atascado en un patrón negativo, la Broncita te libera en el flujo universal. La Mohawkita combina la estabilidad y la aguda percepción del metal con las propiedades transmutadoras del cobalto. Es excelente para trabajar simultáneamente en una dimensión superior y dentro de la frecuencia de la Tierra, pues aterriza el cambio de vibración y controla los campos de las energías sutiles para producir magia.

BRONCITA

MOHAWKITA

MANIFESTACIÓN MÁGICA CON MERLINITA
¿Cómo puedo traer magia a mi vida?

La tradición mágica enseña que cualquier pensamiento que tu mente imagine se manifiesta en el mundo material. Tomarte tiempo para crear momentos mágicos impregna tu vida de una magia poderosa y asienta tus deseos de manifestación en la vida cotidiana. Al enviar tus deseos al exterior, y después invocar y anclar el flujo creativo universal, se manifiesta un ciclo interminable de creación continua. El primer paso para manifestar abundancia es dar algo que valoras. El caldero es el receptáculo clásico para producir magia, y representa el útero de la creación; y el símbolo universal de la manifestación es el pentáculo, un sigilo fluido, una forma mágica que crea, reúne dentro y vuelve a generar hacia fuera.
De modo que necesitarás un «caldero» (puedes usar un vaso grande de base ancha o un cuenco metálico, o un bol de cristal si dispones de él) y una pieza redonda de papel o cartón que encaje dentro, además de un bolígrafo, cinco cristales de Merlinita y cinco velas.

1. Antes de comenzar este ritual, regala a otra persona algo que aprecies. Dáselo a la primera persona con la que te encuentres, o de la que oigas hablar, cuya vida se vaya a ver enriquecida por tu regalo. Si es posible, dalo anónimamente.

2. Dibuja un pentáculo, sin detenerte, sobre un papel o cartón redondo que encaje dentro de tu «caldero». En el centro del pentáculo dibuja o pon una fotografía del ojo mágico que todo lo ve (el ojo que literalmente lo ve todo y que va mucho más allá de la realidad consensuada, hacia todas las posibilidades y dimensiones). Pon tu diagrama en el fondo del caldero.

3. Respira dentro del caldero compasión y amor hacia todos. Llénalo de pensamientos de gratitud y bendiciones.

4 Sostén las piedras limpias en tu mano izquierda y conecta con su poder, sintiendo que irradian hacia tus chakras de manifestación y por la totalidad de tu ser. Sostén la mano izquierda con las piedras sobre el caldero; a continuación ponte la mano derecha sobre el tercer ojo e invoca al poder cósmico más elevado para que abra el pentáculo y se vincule con el ojo que todo lo ve situado en su centro. Invita a abrirse a tu propio ojo interno que todo lo ve.

5 Con la mano derecha, pon una piedra en la parte alta del pentáculo, invocando al hacerlo la magia del universo. Pon otra piedra en la parte inferior derecha del pentáculo y la siguiente en la parte media de la izquierda. Pasa a la parte media de la derecha y coloca una cuarta piedra. Pon la última piedra en la parte inferior izquierda y después vuelve a llevar la mano a la primera piedra.

6 Pon velas alrededor del caldero en las cinco puntas del pentáculo y enciéndelas, invocando mientras lo haces las fuerzas mágicas más elevadas y la luz del universo. Invita a los momentos mágicos a entrar en tu vida. Irrádialos a tu alrededor para iluminar el camino y llevar luz a las vidas de otros.

7 Contempla el pentáculo deslumbrante hasta que puedas cerrar los ojos y seguir viéndolo con claridad. Durante los días y semanas siguientes, tómate un momento o dos para dejar de hacer lo que estés haciendo, cerrar los ojos, volver a crear ese pentáculo brillante e invitar a la alta magia a manifestarse en tu vida.

GLOSARIO

ATERRIZAR: crear una intensa conexión entre tu alma, tu cuerpo físico y la Tierra.

AURA: el cuerpo de energía sutil que rodea al cuerpo físico.

CANAL CENTRAL: tubo energético que discurre por el centro del cuerpo (cerca de la columna) vinculando los chakras y la conciencia superior; forma el camino para la Kundalini (véase a continuación).

CHAKRA: punto de vinculación energética entre los cuerpos físico y sutiles. Su mal funcionamiento puede producir enfermedad o alteración física, emocional, mental o espiritual.

CHAKRA ESTRELLA TIERRA: situado unos treinta centímetros por debajo de los pies, es el punto de unión con la energía nutricia de la Madre Tierra. Te mantiene en la encarnación física y te asienta en el planeta.

CHAKRA PUERTA ESTELAR: situado aproximadamente a la máxima altura que puedes alcanzar estirando el brazo por encima de tu cabeza, es un portal cósmico a otras dimensiones y a la comunicación con seres iluminados.

CONCIENCIA EXPANDIDA: amplio espectro de conciencia que abarca las frecuencias inferiores de la Tierra y las frecuencias superiores de las multidimensiones. El estado de conciencia expandida facilita el acceso simultáneo a todos los niveles de la realidad y a todos los marcos temporales.

CONCIENCIA SUPERIOR: espectro de conciencia ampliado que abarca las frecuencias inferiores y terrenales del planeta y las frecuencias superiores de las multidimensiones.

CREENCIAS ESENCIALES: antiguas creencias profundamente arraigadas y a menudo inconscientes que han sido transmitidas a lo largo de la línea ancestral o del linaje del alma, y que afectan poderosamente a nuestra conducta en el presente. Las creencias esenciales pueden estar en desarmonía con lo que la mente consciente cree que quiere.

CRISTALES PULIDOS: cristales de los que se eliminan las aristas afiladas al pulirlos.

CUERPO ETÉRICO: envoltura biomagnética sutil que rodea al cuerpo físico.

DANTIEN: pequeña esfera que rota en espiral generando fuerza y que está situada encima del chakra sacro. Si se queda vacía o se desgasta, la energía creativa no puede funcionar plenamente, produciendo desequilibrio. El agotamiento se debe a actos sexuales que no son plenamente amorosos, al exceso de trabajo y a que algunas personas consumen tu energía.

DESENERGETIZAR: tomar la carga emocional de una emoción negativa o constructo mental para permitir que se exprese un sentimiento o creencia positivos.

DESINTOXICANTE: sustancia que elimina las toxinas del cuerpo.

ENERGÍA BIOESCALAR/ONDAS: campo energético firme que se crea cuando dos campos electromagnéticos se contrarrestan, lo que influye directamente en el tejido a nivel microscópico, produciendo un equilibrio sanador. La investigación ha demostrado que las ondas bioescalares incrementan la circulación, potencian los sistemas inmunitario y endocrino, mejoran la coherencia del campo biomagnético y sustentan la curación a todos los niveles.

ENERGÍA BIOMAGNÉTICA: energía electromagnética sutil y organizada que rodea al cuerpo humano y a todas las cosas vivientes (incluyendo los cristales).

ENERGÍA SUTIL: cápsula de energía biomagnética sutil que rodea e impregna el cuerpo físico y que funciona en armonía con los cuerpos físico y psíquico para mediar en el flujo energético.

ENFERMEDAD: estado resultante de los desequilibrios físicos, el bloqueo de sentimientos, la represión de emociones y el pensamiento negativo, que (si no se invierten) pueden conducir a la enfermedad.

ENTRAMADO: colocación de los cristales siguiendo una estructura específica.

ENVOLTURA BIOMAGNÉTICA: cuerpo de energía sutil que rodea al cuerpo físico y abarca las capas física, emocional, mental y espiritual.

ESTADO ENTRE VIDAS: estado vibratorio en el que el alma reside entre encarnaciones.

FACETADO: hace referencia a los lados tallados de un piedra o cristal.

FANTASMAS E INCLUSIONES: formas de pirámide, pequeños cristales o fragmentos y burbujas minerales dentro de una punta de cristal.

FORMAS PENSAMIENTO: formas creadas por fuertes pensamientos positivos o negativos que existen en el nivel etérico o espiritual, y que afectan al funcionamiento mental de la persona.

GENERADOR: conglomerado de Cuarzo con puntas que irradian en todas las direcciones o una punta larga con seis facetas del mismo tamaño que se encuentran en un punto en el medio. Genera energía y la irradia externamente al mundo que te rodea.

INCLUSIONES: *véase* Fantasmas.

INFLUENCIAS MENTALES: efecto de los pensamientos y opiniones de otras personas en tu mente.

KARMA: principio de que «todo lo que va vuelve», o suma total de todo lo que ha ido anteriormente. El karma es una ronda dinámica y autocreada que gobierna la vida actual, pero también abarca acciones de tu experiencia pasada y de tu potencial futuro.

KINESTESIA: sentir corporalmente o tener la capacidad de sentir las cosas en lugar de verlas.

KYTHING: comunicación en ambos sentidos con el mundo del espíritu.

LEY DE ATRACCIÓN: principio de que «lo parecido atrae a lo parecido».

LÍNEA ANCESTRAL: medio por el que los patrones y las creencias familiares son transmitidos de las generaciones anteriores.

LLAMA GEMELA: esto es lo que la mayoría de la gente llama «media naranja» o «alma gemela», aunque una llama gemela no tiene adosados karma, lecciones o promesas del alma ni asuntos inconclusos.

MAQUETA ETÉRICA: programa de energía sutil a partir del cual se construyen los cuerpos físico y sutiles. Es portador de las improntas de enfermedades, lesiones y creencias de vidas pasadas, que las condiciones de la vida actual podrían reflejar.

MEMORIA CELULAR: memoria de vidas pasadas o actitudes ancestrales, traumas y patrones transportados por las células, que han quedado profundamente arraigados como programas negativos que generan enfermedad o se repiten en el presente con formas ligeramente diferentes.

PLAN DEL ALMA: intención y plan de aprendizaje del alma para la vida actual, que puede haber sido revisado cuidadosamente en el estado entre vidas o puede ser una reacción automática a causas kármicas.

PODER KUNDALINI: energía interna, sutil, creativa, sexual y espiritual que reside en la base de la columna y que, cuando despierta, asciende al chakra coronario. La energía Kundalini también se halla en la Tierra.

PROGRAMACIÓN EMOCIONAL NEGATIVA: «debo», «debería» y emociones como la culpa, que han quedado instauradas, a menudo en la infancia o en otras vidas, y permanecen en la mente subconsciente, influyendo en tu conducta actual y saboteando tu capacidad de manifestar hasta que las elimines.

PSICOSOMÁTICO: relacionado con una enfermedad causada por emociones tóxicas, como los celos, la amargura y el resentimiento, o pautas de creencia arraigadas y expectativas que se convierten en enfermedad física. Por ejemplo, si alguien es duro de corazón, esto puede manifestarse como un endurecimiento de las arterias.

QI: fuerza de vida universal.

REENCUADRAR: ver un suceso del pasado bajo una luz diferente y más positiva, de modo que la enfermedad que está creando se cure.

REGISTRO AKÁSICO: registro cósmico que existe más allá del tiempo y el espacio, y que contiene información sobre todo lo que ha ocurrido y todo lo que ocurrirá.

TERCER OJO: fuente de comprensión, situada en el centro de la frente, entre las cejas y ligeramente por encima de ellas.

TODO LO QUE ES: el Espíritu, la Fuente, lo divino: la suma total de todo lo que es.

TRANSMUTACIÓN: cambio para mejor en la energía, o patrón instaurado que permite que tu potencial pueda emerger.

VISUALIZACIÓN: arte de ver cosas en el ojo de tu mente.

ÍNDICE

OTRAS LECTURAS

Mike Eastwood, *The Crystal Oversoul Cards* (Forres, 2011)

Judy Hall, *The Book of Why: Understanding your soul's journey* (Bournemouth, 2010)

Judy Hall, *La biblia de los cristales,* vols. 1, 2 y 3 (Gaia, Madrid)

Judy Hall, *La práctica de los cristales* (Neo Person, Madrid, 2012)

Judy Hall, *Crystal Prescriptions* (Ropley, 2005)

Judy Hall, *Cristales y prosperidad* (Gaia, Madrid, 2010)

Judy Hall, *La enciclopedia de los cristales* (Gaia, Madrid, 2009)

AGRADECIMIENTOS

AGRADECIMIENTOS DE LA AUTORA

Doy gracias, como siempre, a los numerosos proveedores de cristales que han compartido infatigablemente conmigo sus conocimientos y sus nuevos descubrimientos. Estoy agradecida a Robert Simmonds por darme permiso para usar los nombres de las piedras que él ha registrado, y a otras personas especializadas en el trabajo con cristales que son demasiado numerosas como para mencionarlas. Doy las gracias a los participantes en mis talleres, a mis amigos y clientes, que han hecho el excelente trabajo de poner a prueba los entramados y visualizaciones de este libro. Mi mentora Christine Hartley me encaminó al éxito en la manifestación enseñándome la necesidad de enfocar mis pensamientos y controlar mis emociones; y otros se han ido añadiendo a esa sabiduría a lo largo de los años; os doy las gracias a todos. También siento una deuda de gratitud con David Eastoe de Petaltone, sin cuyas esencias limpiadoras no podría haber trabajado con los cristales. Puedes adquirir cristales sintonizados por Judy Hall en www.angeladditions.co.uk

AGRADECIMIENTOS DEL EDITOR

Gracias a Mysteries (www.mysteries.co.uk), Tina May (www.crystalmaster.co.uk) y The London Astrology Shop (www.astrology.co.uk) por prestarme algunos de sus cristales para fotografiarlos.

AGRADECIMIENTOS POR LAS FOTOGRAFÍAS

Todas las fotografías son de © Octupus Publishing Group/Lyanne Wylde, excepto la de la página 105, de Harry Taylor/Getty Images

Edición en español: equipo editorial de Gaia Ediciones (Madrid)
Editora encargada: Liz Dean
Directora de edición: Clare Churly
Directora artística: Yasia Williams-Leedham
Diseño: www.gradedesign.com
Fotografía especial: Lyanne Wylde
Modelos: Elle Benton y Jacqueline Freeman
Maquilladora: Victoria Barnes
Encargada de la biblioteca de imágenes: Jennifer Veall
Control de producción: Allison Gonsalves